NOTICE

SUR LA

RÉGENCE DE TUNIS

PAR

J. HENRY DUNANT

GENÈVE

IMPRIMERIE DE JULES-G^me FICK

1858

TABLE DES MATIÈRES.

RÉSUMÉ HISTORIQUE.

L'Origine de Tunis se perd dans la nuit des temps. Cette phrase un peu banale est plus vraie de Tunis que de beaucoup d'autres villes pour lesquelles elle semble consacrée. On peut dire en effet de cette riche cité du continent africain que si l'on met à part les nécropoles égyptiennes, elle est la ville la plus ancienne de toute cette vaste partie du monde. Les phases si diverses qu'elle a traversées jettent nécessairement quelque confusion dans son histoire.

L'époque de sa fondation demeure inconnue : suivant Strabon elle existait déjà avant Carthage qui remonte pourtant à neuf siècles avant l'ère chrétienne.

Le royaume de Tunis faisait partie de cette vaste région atlantique dont la longueur atteint six cents lieues, et que les géographes orientaux appellent El-Mogreb (l'Occident); mais il est comme impossible de déterminer précisément quels en ont été les habitants primitifs. On est réduit sur ce sujet aux hypothèses. La Fable nous parle des Atlantes qui tiraient leur nom de ce mont Atlas que la mythologie avait personnifié; des Lotophages dont le principal aliment était le fruit du lotus; des Troglodytes qui habitaient des cavernes ou des huttes souterraines, et ne se nourrissaient que d'une espèce de pâte et de terre glaise; enfin, des Garamantes, peuple dont on retrouvait des débris à l'époque où Tacfarinas fit la guerre aux Romains.

Immédiatement avant la période punique les habitants de ces contrées paraissent être les Lybiens, qui occupaient le littoral, et les Gétules qui étaient relégués dans les vallées de l'Atlas. — Varron dit qu'à diverses époques un grand nombre d'émigrants asiatiques se réfugièrent sur les côtes de l'Afrique septentrionale, et Procope pense qu'une émigration cananéenne est la souche des populations du continent africain. — Eusèbe et après lui St-Augustin prétendent que les habitants de la terre de Canaan, poursuivis par Josué, se réfugièrent dans cette partie de l'Afrique et que les Carthaginois étaient leurs descendants. — Un historien maure du XIVe siècle, Ebn-Khal-Doun, attribue à son tour l'origine des Berbères à un petit-fils de Canaan du nom de Ber.

Quoi qu'il en soit, le pays occupé actuellement par la Régence de Tunis était, avant l'arrivée des Phéniciens, habité par les Numides qui, selon Salluste, descendaient des Mèdes et des anciens Perses, alliés aux Gétules. On leur donnait déjà le nom de Mores ou Maurusiens.

A cette époque les Lybiens, les Gétules, les Numides, les Mores et les Berbères paraissent confondus en une seule nation. — La Grèce, à son tour, avait des colonies dans cette partie de la Lybie appelée Pentapole, quand les Doriens y fondèrent Cyrène, les Tyriens Utique, et les Phéniciens Carthage. La tradition rapporte que trente ans avant le siége de Troie deux Phéniciens, Zorus et Charcédon, étaient venus s'établir sur les lieux mêmes où fut fondée par Didon cette ville de Carthage qui devait mettre Rome à deux doigts de sa perte.

Tite-Live parle de Tunis *(Tunisii)* qu'il dit située à environ trois milles de Carthage; elle faisait partie de l'empire carthaginois, et elle eut par conséquent à souffrir durant les guerres avec les Romains qui commencèrent en 264, et se terminèrent l'an 146 avant J. C. par la destruction de Carthage, à la chute de laquelle contribua beaucoup Massinissa. Ce roi de Numidie possédait ce qu'on appelle aujourd'hui le Djérid tunisien, et ses états s'étendaient jusqu'à Cyrène. Son petit-fils Jugurtha soutint pendant sept ans, comme on le sait, une lutte acharnée contre les Romains, tous les Numides des villes et des montagnes s'étant ralliés à lui, de même que de nos jours les populations arabes et kabyles de l'Algérie se liguèrent, autour de l'Emir Abd-el-Kader, pour résister aux Français. Mais Jugurtha qui a tant de rapports d'ailleurs avec le chef arabe moderne, mourut de faim à Rome à l'âge de cinquante-quatre ans, dans un cachot humide et infect où la vengeance des Romains l'avait plongé, tandis qu'Abd-el-Kader, grâce à l'illustre Empereur qui gouverne aujourd'hui la France, termine paisiblement à Broussa son existence extraordinaire.

Les Romains donnèrent le nom d'*Africa propria* à cette partie de l'Afrique septentrionale qui leur fournit si longtemps des blés, des olives, et qui forme actuellement presque à elle seule les états du Bey de Tunis.

Pendant que César rétablissait Carthage, qui redevint florissante et riche, et reprit bientôt le troisième rang parmi les villes de l'empire romain, le roi Juba que ses ouvrages historiques ont rendu célèbre régnait sur la Tunisie méridionale, le Belad-al-Djérid.

Peu de temps après sa mort ce pays fut témoin des exploits du fameux Tacfarinas qui avait soulevé contre Rome toutes les populations maures et numides. Ces tribus semblèrent cependant se fondre ensuite dans l'élément romain, maître de tout le nord de l'Afrique, du Nil à l'Océan. La noblesse romaine avait de nombreux palais et de délicieuses villas dans les environs de Carthage, et on en retrouve des ruines, particulièrement à la Marse, résidence du souverain actuel de la Régence.

C'est à Carthage que se trouvaient les deux Gordiens lorsqu'ils furent nommés empereurs par le sénat, et c'est

Gordien l'aîné qui éleva le magnifique amphithéâtre de Tysdrus connu maintenant sous le nom d'El-Djem, à peu de distance de Tunis.

Sur le déclin de la puissance romaine un prince africain nommé Firmus ou Thirmus s'empara d'une partie de l'Afrique romaine, et, quoique vaincu par Théodose, l'ère de révoltes qu'il avait inaugurée ne prit fin qu'avec la domination des Vandales. — Mais déjà avant Constantin le christianisme avait pénétré dans ce pays qui eut même ses martyrs, et plus tard des églises florissantes dont le pieux Cyprien, évêque de Carthage, l'admirable Augustin, évêque d'Hippone, et l'éloquent Tertullien furent les flambeaux. Né à Carthage, Tertullien parle de cette ville, deux siècles après J. C., comme remplie de chrétiens de tout âge et de toutes conditions.

En l'an 429 les Vandales sous Genséric ayant traversé le détroit de Gibraltar (Djebel-el-Tarik) s'étaient emparés du Nord de l'Afrique, puis d'Hippone après 14 mois de siége, et enfin de Carthage en 438. Ces farouches ariens qui persécutèrent les chrétiens orthodoxes et pressurèrent les vaincus, se civilisèrent pourtant au contact des Romains. Ils occupèrent les fertiles provinces Abaritane, Tingitane et Byzacène, dont la dernière au moins fait partie du royaume de Tunis. Bientôt la Gétulie entière ainsi que la Numidie dut leur être cédée, et plus tard toutes les Mauritanies et la Tripolitaine.

Après la mort de Genséric, en 477 à Carthage, les Vandales s'affaiblirent par des luttes continuelles avec les Gétules, les Numides et les Maures. Aussi lorsque Bélisaire en 533, à la tête d'une flotte partie de Constantinople, apparut devant Carthage, la capitale de la Numidie lui ouvrit ses portes; et, les autres cités s'étant également rendues, le général de Justinien anéantit la puissance vandale en Afrique. — Sous la domination gréco-byzantine, les indigènes maures et berbères recommencèrent la lutte contre l'Empire, et les plus belles provinces furent désolées.

Mais d'autres temps s'approchaient pour l'Afrique. — On sait que l'hégire date de l'an 622 après J. C. Or en 647 les Arabes déjà passent en Egypte sous le calife Omar. Puis sous le calife Mohawiah, le premier des Ommiades, Abd-Allah, l'un de ses lieutenants, parti d'Egypte à la tête de quarante mille combattants, arrache Tripoli à l'empire de Byzance. Six ans plus tard une nouvelle expédition s'empara de Cyrène, puis une troisième, commandée par Oukbah, de la fameuse ville du Kaïrouan. Cette cité de la Régence de Tunis est regardée comme sacrée, parce qu'elle renferme le tombeau du barbier, l'ami et confident du prophète. Les Arabes s'y fixèrent, l'agrandirent et l'embellirent considérablement; elle devint la capitale d'un empire commandé par un calife qui se déclara bientôt indépendant de ceux de Damas et de Bagdad.

Les Maures et les Numides avaient souffert durant des

siècles sous l'oppression successive des Carthaginois, des Grecs, des Romains et des Vandales; aussi accueillirent-ils les Arabes conquérants comme des défenseurs, au lieu de voir en eux des ennemis de leur liberté.

Voici les faits principaux qui signalent cette période.

Hassan le Gassanide vint du Kaïrouan pour mettre le siége devant Carthage qui fut reprise sur les Grecs, livrée au pillage et détruite de fond en comble, de même qu'elle l'avait été à l'époque de Massinissa, et sous l'empereur Maxence qui en 312 l'avait réduite en cendres. — Les ruines de Carthage servirent à embellir Tunis; et, même actuellement, l'on bâtit des palais avec les marbres et les colonnes magnifiques que l'on trouve sur l'emplacement autrefois occupé par cette vaste métropole.

Tunis fit dès lors, et pendant longtemps, partie de l'empire du Kaïrouan. A cette époque les Arabes étaient dans toute leur gloire. Ils faisaient fleurir l'agriculture, l'industrie, les arts, les sciences, la poésie, et se trouvaient sous bien des rapports à la tête des nations civilisées. Le Kaïrouan était un foyer de lumière, de luxe et d'érudition; et l'Afrique musulmane jouit d'une longue période de paix, de calme et de prospérité.

Avec le Koran la civilisation s'introduisit dans les contrées méridionales de l'Africa propria. Selon Jean Léon l'Africain, des docteurs et des missionnaires musulmans quittèrent, durant le Xe siècle, les bords de la Méditerranée pour aller porter l'Islam aux Nègres des déserts de l'intérieur de l'Afrique, et ils firent abolir avec les sacrifices humains l'usage d'enterrer les petites filles vivantes, et autres coutumes aussi horribles.

Tunis fournit des soldats aux Sarrasins pour les guerres de Sicile, et en 852 elle vengeait la première Carthage; car, pendant que les Arabes Sarrasins faisaient trembler Rome qu'ils assiégeaient, les Aghlabites faisaient fleurir au Kaïrouan la jurisprudence, les arts, l'industrie et le commerce, en même temps qu'ils agrandissaient et fortifiaient la ville de Tunis.

Dans le siècle suivant, l'Afrique, l'Asie et l'Espagne musulmanes furent déchirées par les luttes entre les Ommiades, les Abassides et les Fatimites.

Quant aux califes de Kaïrouan, maîtres de Tunis, ils luttaient contre les Berbères ou anciens habitants du pays refoulés vers les montagnes, lorsqu'un iman célèbre, descendant du Prophète par Fathmé et fondateur de la puissance des califes fatimites, nommé Obeid-Allah-Abou-Mohammed ou Mahadi, s'empara du Kaïrouan, et en chassa les Aghlabites. Ceux-ci demandèrent du secours à l'ommiade Abd-er-Rhaman, calife de Cordoue, lequel vint mettre le siége devant Tunis dont il s'empara, sans avoir chance de rendre pour cela durable à Tunis la puissance des Ommiades d'Espagne.

En l'an 998 Caïm, calife fatimite du Kaïrouan, s'étant

rendu en Egypte dont l'un de ses généraux lui avait assuré la conquête, un berbère, nommé Abul-Ageix, auquel il avait confié en son absence les affaires du gouvernement, chercha à le supplanter, et y réussit. Le calife, pour se venger, accorda la permission aux tribus méridionales de l'Arabie de passer en Afrique, avec promesse de leur fournir des secours. Ils entrèrent en Berbérie par le désert de Barca au nombre de plus d'un million, ravagèrent la plupart des villes, mirent le siége devant Kaïrouan, et firent périr Abul-Ageix. Les deux fils de ce dernier pour se soutraire à la fureur des Arabes se réfugièrent, l'un à Bougie, l'autre à Tunis, et jusqu'en 1140 les descendants mêmes d'Abul-Ageix régnèrent à Tunis dont ils s'étaient fait reconnaître souverains. Cette ville avait été prise cependant vers l'an 1100 par le glorieux Joussef-ben-Tachefin qui possédait l'Espagne musulmane, le royaume de Fez, l'empire de Tlemcen et tout le pays qu'on appelle aujourd'hui l'Algérie: c'est ce Joussef qui fonda la ville de Maroc. — A la mort de ce grand conquérant berbère, son empire se démembra et se fractionna en petits états.

En 1140 Abd-Allah, natif des montagnes de l'Atlas et chef de la dynastie des Almohades, s'empara de Tunis, et en chassa les descendants d'Abul-Ageix. Après lui les Almohades et les Almoravides, dans le nord de l'Afrique, se disputèrent le pouvoir; puis l'almohade Abd-el-Moumen s'étant emparé de toute la partie septentrionale depuis l'Océan jusqu'au désert de Barca, les princes tunisiens se trouvèrent sous sa dépendance; mais, après la défaite de Mohammed-Abou-Abd-Allah son petit-fils, qui perdit contre les rois de Castille, d'Aragon et de Navarre la bataille de Tolosa en 1212, les Arabes assiégèrent le gouverneur que cet empereur du Mogreb entretenait à Tunis : une flotte commandée par Abduledi, célèbre capitaine de Séville dans l'Espagne musulmane, rétablit les affaires de Mohammed Abou-Abd-Allah qui laissa son fils paisible possesseur de ses états.

Pendant plusieurs siècles la couronne resta héréditaire dans la famille des Almohades. Les princes de cette dynastie rendirent Tunis très-florissante. Le commerce de cette ville était considérable, et consistait particulièrement en exportation de blé, huiles, fruits secs, cire, miel, ivoire, corail, alun, poudre d'or, laines, peaux, cuir, maroquins, tapis, étoffes précieuses et autres produits de son industrie. De son côté elle recevait d'Europe de l'or, de l'argent monnayé, des bateaux et des navires, des draps, des étoffes de soie, des toiles d'Italie et de Rouen, des drogues, des objets de mercerie ou de quincaillerie. — C'est durant cette période qne les Maures expulsés de Sicile par l'intolérance des empereurs d'Allemagne se retirèrent en Afrique, et qu'un grand nombre d'entre eux passèrent à Tunis. — D'un autre côté les Maures d'Espagne, si chevaleresques et si valeureux, quittèrent cette contrée après la bataille de Tolosa dont l'issue empêcha peut-être la conquête de l'Europe par les Musulmans. Cette émigration eut surtout lieu, soit en 1236 Ferdinand III de Castille ayant enlevé aux Maures Cordoue et l'Andalousie, soit en 1492 Grenade ayant été reprise sur eux par Ferdinand-le-Catholique qui, par ses persécutions, réduisit les derniers débris de la puissance maure à quitter l'Espagne. Ces populations se réfugièrent dans les villes du Mogreb, à Bougie, à Tlemcen, à Fez, à Maroc, et surtout dans l'antique et hospitalière Tunis, où se retira en particulier la grande et illustre famille des Abencerrages. — A cette époque Alger n'existait pas encore.

Les Maures apportèrent à Tunis leur industrie et leurs richesses, aussi cette ville devint-elle puissante. Elle étendit considérablement les limites de son territoire, et même pendant quelque temps le royaume de Tunis paraît avoir été divisé en cinq provinces distinctes: les provinces de Tripoli, de Bougie, de Constantine, d'Ezzab et celle de Tunis proprement dite. — Cette puissance se trouvait ainsi, de même que l'empire de Maroc, l'une des plus considérables du Mogreb.

C'est pendant cette période que se produisirent des voyageurs, des historiens et des géographes célèbres, tels qu'Edrisi, dont Roger, roi de Sicile, fit connaître les ouvrages à l'Europe vers le milieu du douzième siècle; l'historien Abulfaradge en 1270; Ibn-al-Ouardi, auteur, du treizième siècle; Abulfeda, historien et géographe en 1322; Mohammed-Ibn-Batouta qui le premier donna en arabe, dans le treizième siècle, des notions sur le centre de l'Afrique, lesquelles servirent plus tard à Jean Léon l'Africain, ainsi qu'à Marmol de Grenade qui écrivit en espagnol au seizième siècle une description de l'Afrique, et au Vénitien Livio Sanubo; Yakouti, qui vivait vers la fin du XIVe siècle, et Schehab-Eddin-Ahmet, de 1400 à 1430.

A l'époque dont nous parlons, de nombreuses caravanes de marchands partaient de Tunis pour se diriger sur la Guinée et sur Tombouctou, capitale d'un état puissant, fondée en 1213 par les Maures.

Le commerce avec l'Italie était considérable: un très-grand nombre de Pisans étaient fixés dans les Etats du roi de Tunis qui prenait le titre de roi des Sarrasins d'Afrique; et nous voyons Abd-Allah-Boucoras, qui était en même temps roi de Bougie, conclure des traités en 1230 avec les Pisans, les Gênois, les Vénitiens, et accorder aux chrétiens la permission d'aller et de venir dans tout son empire, d'y vendre, d'y acheter, et d'y établir des fondouks, des bains, des églises et des cimetières. Toutes les provenances d'Europe étaient soumises à un droit modéré, celles de Pise payaient dix pour cent.

En 1236 le trône de Tunis fut occupé par un prince valeureux, nommé Gahia-Abou-Zakaria, qui était maître aussi de Bougie et de Tripoli, et qui étendait sa domination jusqu'à Tlemcen.

De 1250 à 1275, le roi Mohammed Abou-Abd-Allah (Boabdil) gouverne glorieusement l'empire qui comprenait, outre Tunis, les villes de Bône, Bougie, Tripoli, La Calle, Collo, Djigelly, Dellis et Cherchel. Ce prince, afin de conserver dans sa famille la souveraineté usurpée par les Beni-Hafs, se donnait comme descendant d'Omar, l'un des quatre premiers califes. Il fit des traités d'amitié et de commerce avec les républiques de Gênes, de Pise, de Venise et de Florence, et avec l'Aragon, la Provence et la Sicile : or ces traités étaient non-seulement fidèlement observés, mais encore c'était un prince si droit et si humain qu'il prenait sous sa protection et sous sa garde particulière les vaisseaux de toute nation que la tempête jetait sur les côtes d'Afrique, et il faisait respecter hommes et biens, tandis qu'en Europe, à la même époque, on ne se faisait le plus souvent aucun scrupule de dépouiller les malheureux naufragés.

La dynastie des Beni-Hafs ou Beni Abbès, d'origine indigène, s'occupa pendant une longue période de calme, de tranquillité et de prospérité du bien matériel du pays. Non-seulement on permettait déjà aux chrétiens d'avoir des églises, mais les souverains de Tunis autorisaient l'établissement de couvents et d'ordres monastiques dans leurs états. Les religieux qui se fixèrent à Tunis en 1271 étaient des Cordeliers et des Dominicains ou frères prêcheurs : il y avait alors en Afrique un nombre considérable de chrétiens qui y exerçaient leurs professions, et y pratiquaient le négoce en pleine sécurité et sous un régime de tolérance vraiment remarquable.

Les chevaliers ou seigneurs chrétiens prenaient souvent du service auprès des souverains de Tunis qui entretenaient des troupes soldées de Toscans, d'Allemands, d'Espagnols.

En 1270, le 25 août, comme chacun le sait, le chevaleresque Louis IX, roi de France, venait mourir de la peste devant Tunis et sur les ruines mêmes de Carthage.

Tunis, en général, ne se livrait pas comme Alger à la piraterie: si plus tard elle eut aussi quelques corsaires, ce ne fut que pour se défendre contre les chrétiens, plus barbares à cette époque que les Africains, puisque la piraterie était encore un métier chez les Cypriotes, les Catalans, les Siciliens, les Vénitiens, les Pisans et les Gênois.

En 1390 Charles VI, roi de France, prend le parti des Gênois qui avaient une querelle avec le roi de Tunis, et il envoie une flotte commandée par son oncle, le duc de Bourbon, pour attaquer le royaume. Cette flotte qui vint mettre le siége devant Africa, aujourd'hui Méhédia, cité très-forte alors et très-commerçante, dut bientôt se retirer après de légers combats sans résultat.

Vers 1400 Muley-Bouféri ou Abou-Férez, qui prit le titre de roi de Tunis et de sultan de toute la Berbérie, réprime la piraterie qui commençait à se pratiquer sur les côtes de ses états; et, jusqu'à l'époque de la domination turque, ses successeurs se montrèrent animés de la plus grande bienveillance envers les Européens, en même temps que stricts observateurs des traités.

Vers 1500, deux frères, Aroudj et Kheir-el-Din, plus connus sous le nom de Barberousses, fils du célèbre chef Abou-Youcef-Yakoub le Turc, infestaient la Méditerranée de leurs pirateries. En 1505, ils forcèrent le roi de Tunis de leur accorder le droit de bourgeoisie, et de leur céder les îles de Gherba où ils se fortifièrent, faisant de là des descentes sur toutes les côtes de la Méditerranée.

Quelques mots sur les Barberousses doivent avoir ici leur place.

L'élément berbère avait perdu de sa consistance, les Arabes s'étaient affaiblis, et les Espagnols unis aux Portugais avaient profité de ces circonstances pour s'emparer d'Oran en 1509, et de Bougie en 1510. Mais les Algériens, afin de se débarrasser surtout de la garnison que les Chrétiens entretenaient à El-Penon, à portée de pistolet de leurs remparts, forcèrent leur cheik même, Salem-el-Teumi, d'appeler Aroudj à leur secours. Barberousse qui en répondant à cet appel avait d'autres vues que celles de protecteur, se rendit maître absolu d'Alger, et fit mourir le cheik Salem chez qui, dit-on, il avait reçu l'hospitalité; il fit d'ailleurs sa paix avec les fils de ce cheik, et rallia à lui les Arabes et les Maures; il n'en échoua pas moins au siége de Bougie où un boulet lui emporta le bras gauche. — Le successeur d'Aroudj fut son frère Kheir-el-Din, qui l'avait remplacé à Djigelly et qui, après des luttes très-diverses, en particulier contre les Tunisiens, offrit à la Porte en 1518, pour consolider sa puissance naissante, de se regarder pour le royaume d'Alger comme son vassal ou tributaire. Le sultan Sélim accepta, et accorda le titre de *dey* à Kheir-el-Din qui s'entoura d'une milice turque, appelée Janissaires.

C'est donc à cette époque que remonte le droit de suzeraineté que la Turquie réclamait sur Alger.

Le sultan successeur de Sélim, Soliman, dans l'espoir de mieux résister à Charles-Quint, confia le commandement de toutes les flottes ottomanes à Kheir-el-Din qu'il nomma Capitan Bacha ou Grand-amiral. Mais pendant que ce second Barberousse battait les Vénitiens, et jetait l'épouvante jusque dans Rome par ses descentes en Italie, le roi de Tunis, Muley-Hassan, qui se donnait pour le trente-cinquième successeur du fameux Abduledi, redoutant les entreprises de son audacieux et puissant voisin, parvint à exciter du mécontentement dans les tribus de la Mitidja et du Sahel algérien; il gagna même plusieurs officiers de Kheir-el-Din lequel à son retour en Afrique, pour se venger, s'empara de Tunis dont il prit possession en 1534 au nom du Grand Seigneur, quoique en réalité il voulût s'en faire le véritable souverain.

Charles-Quint de son côté, craignant pour ses possessions en Italie, résolut d'attaquer le second Barberousse: il arma une flotte de 400 navires et de 25,000 hommes pour aller au secours de Muley-Hassan, qu'il remit sur le trône en s'emparant de Tunis. Ce dernier, en échange, reconnut

Charles-Quint pour suzerain, et une garnison espagnole occupa le fort de la Goulette. Kheir-el-Din mourut en 1547, après avoir inquiété encore longtemps les Espagnols. — Philippe II perdit en 1568 Tunis dont s'empara le dey d'Alger, cet Aly-Kilidj, qui commandait l'aile gauche de la flotte ottomane à la bataille de Lépante; la Goulette fut aussi perdue pour les Espagnols en 1574. Don Pédro de Carroga gouvernait cette forteresse pour le roi d'Espagne, lorsqu'il se vit assiégé par Sinan Bacha qui s'en empara au nom du sultan Sélim II. On raconte qu'après la reddition de ce fort Sinan Bacha ayant fait venir devant lui l'ex-gouverneur lui reprocha sa lâcheté, lui appliqua un soufflet, et l'envoya prisonnier à Constantinople. Don Pédro mourut durant le trajet.

Avec la domination des Turcs s'ouvrit une ère nouvelle pour Tunis. La Porte y envoyait un pacha qui gouvernait de concert avec les deys, lesquels reconnaissaient la suzeraineté de la Turquie. Le divan ou conseil du vice-roi était composé des principaux officiers ou chefs des Janissaires, quelquefois maîtres absolus du pays.

Vers 1630 il y avait 4,000 de ces janissaires à Tunis, et leur chef, Kara-Osman, sorti des rangs du peuple (il avait été cordonnier) gouvernait cet Etat, où il fut tout puissant pendant un grand nombre d'années. — Après lui, les deys furent à Tunis à peu près ce que les doges étaient à Venise. La forme du gouvernement était aristocratique: le divan était le dépositaire des pouvoirs; son chef, le dey, était élu par le divan, et à leur tour les membres du divan étaient choisis par le dey.

Le pacha turc, de résidence à Tunis, recevait le tribut pour son maître, le sultan de Constantinople. L'état de Tunis pouvait mettre 40,000 hommes sur pied et plus de 12 vaisseaux de ligne en mer. Il y avait alors dans le pays environ 12,000 esclaves chrétiens; le commerce continuait à prospérer, et le nombre des écoles primaires s'élevait à plus de cent. — On comptait vers cette même époque plus de 50,000 esclaves à Alger qui se livra de tout temps à la piraterie.

Vers la fin du XVIIe siècle, les deys continuaient à être nommés à Tunis sous l'influence de la Porte, et quelquefois d'Alger, mais le pouvoir des représentants de Constantinople avait décliné considérablement. En 1684, le Sultan n'exerçait plus guère qu'un droit de suzeraineté nominale sur le dey Mahmed Icheleby, qui fut dépossédé par deux frères, Mahmoud et Aly. — Ceux-ci prirent d'eux-mêmes le titre de Beys, et c'est de cette année que date le rétablissement de la monarchie héréditaire, avec Mahmoud qui fut le premier sultan de Tunis. Ces princes ou *beys* se regardèrent bien d'abord comme dépendant encore du Grand Seigneur dont ils recevaient le titre de pachas *à trois queues*, mais bientôt ils cessèrent de payer tout tribut, et se contentèrent d'envoyer chaque année des présents plus ou moins magnifiques pour le Sultan.

C'est de l'année 1685 que datent les capitulations régulières de Tunis avec la France. Parmi celles de peu de durée qui avaient précédé, on cite l'établissement d'un comptoir français à La Calle en 1520, et quelques concessions commerciales à Bône entre Charles IX et Sélim II. — Quant au traité de 1685 il fut conclu, entre le bey de Tunis et la France, par le maréchal d'Estrées. — Les capitulations avec l'Angleterre datent aussi de la même année, mais de quelques mois plus tard ; celles avec la Hollande de peu d'années après, tandis que celles avec les autres nations ne remontent guère à plus d'un siècle.

La révolution qui avait donné le trône à Mahmoud et à Aly fit bientôt place à une autre, c'est-à-dire, que le dey d'Alger qui prétendait avoir à se plaindre des Tunisiens, étant venu mettre le siége devant Tunis, s'en empara le 13 Octobre 1689, et mit sur le trône Ahmed-ben-Chouques. Mahmoud-Bey dut s'enfuir, mais pour revenir bientôt après avec des Arabes de l'intérieur : une bataille qu'il gagna sur Ahmed-ben-Chouques lui rendit sa capitale en 1695.

Son troisième frère, Ramadan-Bey, lui succéda ; c'était un prince excellent, mais qui ne régna que peu de temps : son neveu Mourad, fils d'Aly-Bey, l'ayant détrôné le fit mourir au milieu d'une émeute populaire. Ce Mourad signala son règne par des cruautés excessives, et fut assassiné à son tour par Brahim-El-Schérif, le 10 juin 1702. Ce dernier se battit contre les Algériens, fut fait prisonnier et périt à

Porto-Farina. L'armée élut alors comme bey, en 1705, un homme distingué, Hussein-ben-Aly, qui a été la tige de la maison actuellement régnante.

Cette dynastie des Hussein-ben-Aly a été très-glorieuse pour Tunis, car presque tous les princes de cette famille qui se sont succédé jusqu'à nos jours ont été des hommes remarquables par leur caractère, leurs talents, leur sagacité, leur intelligence ou leur générosité.

Hussein-ben-Aly régna d'abord paisiblement. Il fut longtemps sans enfants; il avait même adopté son neveu Aly-Bey pour son successeur, lorsque ayant épousé une Gênoise d'une grande beauté qui avait embrassé l'islamisme, il en eut successivement trois fils: Mahmoud-Bey, Mahmed et Aly-Bey.

Pour dédommager son neveu qui se voyait par là exclu du trône, Hussein le fit nommer Pacha par la Porte, et dès lors Aly-Bey prit le titre d'Aly-Pacha. Toutefois, trompé dans ses espérances de succession au trône, Aly-Pacha se révolta, s'enfuit un jour de Tunis, et à la tête d'un parti qu'il s'était fait secrètement il vint attaquer Hussein-ben-Aly. Ayant été battu, il se rendit à Alger dont il engagea les habitants à marcher sur Tunis: ceux-ci remportèrent en 1735 une victoire sur Hussein-ben-Aly qui se réfugia au Kaïrouan, et lutta cinq ans encore contre son neveu; mais Younès-Bey, fils d'Aly-Pacha, ayant surpris Hussein-ben-Aly comme il cherchait à se rendre à Alger, l'assassina.

Aly-Pacha si cruellement vainqueur régna quelques années; il s'empara même de l'île de Tabarca, qui appartenait aux Lomellini de Gênes; mais il eut le chagrin de voir la discorde s'élever entre ses trois fils, et il finit par être détrôné par le bey de Constantine qui arriva devant Tunis à la tête de troupes nombreuses, fournies en grande partie par le dey d'Alger, Aly-Tchaouy, qui avait pris cette fois le parti des enfants d'Hussein-ben-Aly. En 1756 nous voyons Aly-Pacha étranglé, ses fils mis en fuite, Tunis saccagée et Mahmed-Bey, fils de Hussein, replacé sur le trône de son père.

Ce bon prince régna seulement deux ans et demi. Comme il mourut ne laissant que deux fils en bas âge, Mahmoud et Ismaël-Bey, leur oncle, Aly-Bey, prit en mains les rênes du gouvernement au nom de Mahmoud, l'aîné de ses neveux; et, par le fait, Aly-Bey, régna jusqu'à sa mort qui survint en 1782.

Durant cette époque Tunis comptait plus de 150,000 habitants, parmi lesquels figuraient trente mille Israélites. Son commerce et son industrie étaient prospères.

Dans les années 1769 et 1770 Aly-Bey faillit être en pleine lutte avec la France. Diverses causes avaient amené cette rupture. Voici les principales. — L'île de Corse était en guerre avec Tunis lorsque la république de Gênes, à qui elle appartenait, la vendit à la France en 1768, deux ans avant la naissance de l'empereur Napoléon I et sous le ministère du duc de Choiseul. Cette incorporation, sous Louis XV, de la

Corse au royaume de France amena des difficultés avec Tunis: des bâtiments corses ayant été capturés depuis que l'île était devenue française, le bey refusait de les rendre. La pêche du corail sur les côtes de Berbérie qui se faisait par la Compagnie Royale d'Afrique, fut une seconde cause de complications entre les deux états. Enfin une altercation violente entre les capitaines de deux navires, l'un de guerre, tunisien, et l'autre de commerce, français, dans laquelle le capitaine français avait été accablé de coups par le tunisien, motiva l'expédition commandée par le comte de Broves. Le consul de France, M. de Saïrieu, ayant été enlevé de nuit par les siens et transporté à bord d'un bâtiment français, les Tunisiens se fortifièrent, et, chacun achetant des armes, la valeur en tripla en fort peu de temps. En attendant, les bâtiments français bloquaient le fort de la Goulette depuis vingt-cinq jours, quand un petit vaisseau tunisien ayant voulu y entrer les Français tirèrent sur lui à boulets, et le forcèrent à s'échouer. Alors les négociants français établis à Tunis, redoutant les conséquences de la guerre, sollicitèrent du souverain la faveur de se retirer dans leur pays. Cette autorisation leur fut accordée, et ils s'embarquèrent à la Goulette sur des bâtiments de leur nation. Pour préserver leurs intérêts commerciaux, puisque le consul de France n'était plus à Tunis, le bey Aly ordonna que des gardiens fussent établis dans leurs maisons et magasins jusqu'au rétablissement de la paix.

Cependant il se trouvait encore à Tunis plusieurs

capitaines marchands dont les bâtiments étaient ancrés à la Goulette; ils crurent devoir solliciter la même faveur qui venait d'être accordée aux négociants français, celle de regagner leur bord, et ils n'éprouvèrent aucune difficulté à l'obtenir. La conduite du bey fut en ces conjonctures des plus loyales et des plus humaines, car il ne lui vint pas à la pensée de retenir, ni de faire prisonniers des gens venus à Tunis en pleine sécurité et sur la foi des traités. — L'escadre française, commandée par le comte de Broves, mouilla à la Goulette le 21 Juin 1770. Comme elle ne comptait pas vingt navires de guerre, on crut devoir parlementer, et une correspondance s'engagea avec le gouvernement tunisien; mais on ne s'entendit pas, et l'escadre se mit à bombarder les villes de la côte. Sur ces entrefaites arriva à Tunis un envoyé extraordinaire de la Porte qui aplanit le différend entre les deux puissances; un traité fut signé, et l'escadre rentra en France. Le bey s'engageait à rendre des Corses faits esclaves depuis l'incorporation de l'île à la France, à permettre encore pendant cinq ans la pêche du corail, et à faire punir le capitaine tunisien qui avait frappé le capitaine français.

Peu de temps après le bey envoya une ambassade en France qui fut reçue avec beaucoup d'honneurs et de distinctions et qui rapporta à Tunis de riches présents du roi de France.

Aly-Bey avait un fils, nommé Hammouda-Pacha, qui donna de bonne heure des preuves d'un génie extraordinaire. Ce jeune prince devint très-populaire. Son père fit élever pour lui un second lit de justice, placé vis-à-vis du sien, où l'enfant devait juger seul et par lui-même tous les différends que l'on venait lui soumettre.

L'esprit, la haute intelligence et la perspicacité du petit prince enchantaient tout le monde; aussi était-il fort rare qu'on en appelât de son tribunal à celui de son père, qui cependant était toujours prêt à réparer ce que les jugements de son fils pouvaient avoir eu de défectueux.

Devenu bey, Hammouda-Pacha fut un grand homme: il gouverna pendant trente-deux ans, et son règne peut à juste titre s'appeler glorieux. Il administra ses états avec autant de sagesse que de perspicacité. Il rendait la justice d'une manière toute patriarcale. Il accueillait avec bonté le plus misérable de ses sujets. — Mais ceux-ci poussant un peu loin leur amour des contestations et des procès, il rendit le jugement suivant qui produisit le plus excellent effet sur la population, et qui mérite d'être cité comme exemple du tour de son esprit.

Deux Djébélias ou Kabyles du même douar avaient acheté au marché, l'un une poule, l'autre des œufs. Ils s'étaient entendus pour faire couver les œufs, et partager les poussins. Mais comme il vint à éclore treize petits poulets, ils ne purent s'accorder, et ils vinrent d'une très-grande distance, avec la poule et ses poussins, exposer leur différend devant le prince en réclamant sa décision. Celui-ci, après réflexion, donna l'ordre de remettre tous les objets de la contestation à son cuisinier, et d'appliquer à chacun des Djébélias cinquante coups de bâton sur la plante des pieds, pour leur apprendre à ne pas se disputer pour un œuf de plus ou de moins, et leur ôter à l'avenir tout amour des procès.

Une autre fois un Maure lui porta plainte contre un autre Maure qui, prétendait-il, ne voulait pas lui payer une somme qui lui était due depuis fort longtemps. Le débiteur, appelé à se justifier, dit avoir bien fait son devoir et avoir porté maintes fois la somme à la maison de son créancier, mais sans avoir jamais pu y trouver ce dernier qui en était constamment absent. Le bey ayant interrogé le plaignant et lui ayant demandé s'il avait quelque endroit fixe où il demeurât au moins quelques heures de la journée, celui-ci répondit que non, et convint qu'il était vrai qu'il ne restait pas dans sa maison, et qu'il ne faisait toute la journée que se promener d'un côté et d'un autre. Alors le bey qui comprit que le créancier avait cherché par malice à faire un mauvais parti à son débiteur, le condamna à demeurer quelque temps en prison afin qu'on sût où le trouver pour lui porter son argent; sur quoi le créancier se vit en effet forcé de rester, bien malgré lui, pendant huit jours en prison.

En 1785 le bey Hammouda accueillit avec bienveillance et distinction Mr von Einsidel, gentilhomme saxon, et d'autres savants allemands qui, encouragés par Mr de Castries, ministre de la marine en France, avaient le projet d'aller de Tunis au Sénégal en passant par le Grand Désert. La peste qui régnait alors à Tunis les força de suspendre et d'abandonner leur projet.

Hammouda-Pacha mourut en 1814. Othman-Bey, son frère, lui succéda, mais il périt la même année.

A la fin du XVIIIe siècle les nations européennes avec lesquelles Tunis avait des traités étaient la France, l'Angleterre, la Hollande, la Suède, le Danemark, l'Espagne et l'Empire, sans compter Raguse et Venise. Le consul général de France avait le pas sur les autres consuls, et le droit de protéger tout chrétien arrivant à Tunis. Ce beau privilége toutefois n'avait pas une haute importance, parce que ceux des Européens qui n'ont pas de consul à Tunis y sont protégés par le souverain lui-même, et que la sécurité règne dans ce pays où les étrangers jouissent d'une grande liberté.

Après Othman-Bey, Mahmoud, fils de Hammouda-Pacha, monta sur le trône en décembre 1814. Ce prince régna dix ans en paix et associa de son vivant son fils aîné au trône. — Hussein-Bey prit seul les rênes du gouvernement à la mort de son père en 1824.

Ce fut par la volonté de ces deux princes, en mai 1816, que fut aboli l'esclavage des chrétiens. Ce fait seul suffirait pour illustrer leur règne qui fut une époque de prospérité. — Hussein-Bey jouit de l'amour de son peuple et du respect universel qu'il méritait bien. — Il organisa l'armée, et appela de nombreux instructeurs pour la mettre sur un pied européen. — C'était un homme fort spirituel, et rempli de politesse, de bienveillance et d'affabilité pour les étrangers. Il accueillit un savant voyageur prussien, le prince de Puckler Muskau avec toutes sortes de distinctions. Hussein-Bey mourut en 1835, et suivant les lois du pays qui veulent que ce soit toujours l'aîné de la famille qui succède au trône, son frère Moustapha-Bey lui succéda, mais ne régna que deux ans.

A sa mort, en 1837, son fils Ackmed-Bey prit les rênes du gouvernement. C'était un homme excellent, au cœur généreux, plein d'esprit et de talent, ami du progrès, de l'instruction et de la civilisation. Il vint à Paris en 1846.— Ce prince a eu la gloire d'abolir l'esclavage des hommes de couleur, tout autre esclavage ayant déjà disparu antérieurement. En outre il émancipa les Juifs qui, avant lui, étaient tenus dans un état de mépris, d'abjection et de persécution. Il fit beaucoup pour les chrétiens: c'est ainsi qu'il donna une maison à l'évêque catholique-romain, qu'il paya ses voyages et ses tournées pastorales dans la Régence, et qu'il lui fit don du revenu de plusieurs boutiques attenantes à l'habitation épiscopale. — Il se montra juste, tolérant et équitable. Lors d'une grande disette il fit faire de nombreuses distributions de blé aux pauvres, sans distinction de culte, et les Chrétiens et les Juifs reçurent, aussi bien que les Maures et les Arabes, leur part de ces largesses, sans aucune inégalité pour les uns ou pour les autres. Il était magnifique dans ses dons: à l'époque des inondations de la Loire sous Louis-Philippe, il souscrivit pour 30,000 francs au profit des inondés français.

Il fit de très-riches présents à plusieurs souverains de l'Europe; il envoya à la reine Victoria le plus beau cheval que l'on eût pu trouver dans la Régence, la selle en était étincelante de diamants, le mors et les étriers étaient d'or massif, et la façon seule du travail avait coûté plus de 50,000 francs.

Il était brave et courageux sans être orgueilleux ou fanfaron. — Lors des préparatifs de guerre qui se firent au sujet de la rupture entre Tunis et la Sardaigne, il disait: «Si c'était la France ou l'Angleterre avec laquelle je fusse en démêlé, je baisserais la tête, mais je résisterai jusqu'à la dernière goutte de mon sang vis-à-vis d'une puissance avec laquelle je suis de taille à me mesurer.» — Il disciplina l'armée et lui donna l'uniforme qu'elle porte actuellement.

Il n'aimait pas condamner à la peine capitale, et ne le faisait qu'avec une extrême répugnance, lorsque la gravité des cas lui semblait l'exiger.

Il était ingénieux et adroit dans la manière dont il rendait la justice, en même temps qu'il était toujours disposé à réparer un oubli ou un jugement précipité.

Une pauvre femme qui vendait des fruits, vint un jour se plaindre à lui de ce qu'on lui volait toutes ses figues sur l'arbre, sans qu'elle eût aucun moyen d'empêcher ce larcin. Le bey lui ordonna d'introduire un grain de blé dans chacune des figues qui lui restaient à cueillir, et de demeurer en repos. La bonne femme exécuta l'ordre de son Altesse, qui fit acheter à quelques jours de là, et pour son compte personnel, toutes les figues qui se trouvaient sur les marchés de Tunis. On trouva chez l'un des marchands de fruits les figues qui renfermaient les grains de blé, et le voleur fut condamné à une forte amende en faveur de la pauvre femme qui bénit longtemps la perspicacité de son souverain.

Une autre fois un vieillard inconnu vint se plaindre à son Altesse d'une injustice commise par l'un des seigneurs de sa cour. Le bey, sans écouter, donne tort au plaignant qui se met aussitôt en prière. Que demandes-tu à Dieu? lui dit le prince. — Qu'Il te juge comme tu m'as jugé, lui répond le vieillard. — Redis ta plainte, répliqua le bey, j'ai peut-être mal compris. Le pauvre homme redit sa plainte, et le bey lui fit rendre justice.

Ackmed-Bey fut très-apprécié et aimé de tous ceux qui l'entouraient.

Il mourut dans la nuit du 30 au 31 mai 1855 après un règne de dix-huit ans.

Son cousin, Sidi Mohammed-Bey, lui succéda, et le remplace dignement. Petit-fils, fils, neveu et cousin des beys qui l'ont précédé, il n'est pas moins remarquable qu'eux par sa sagesse, son intelligence, son esprit de justice et d'équité.

Ce prince se fait aimer de son peuple qu'il désire rendre heureux. Il sait accorder sa protection aux arts, à l'industrie et à l'agriculture: c'est ainsi qu'il fait creuser à la Marse un puits artésien, et si cette première expérience réussit, il est probable que ce genre de puits se multipliera dans la Régence, les eaux jaillissantes manquant beaucoup dans les environs de Tunis. — Il vient de donner son autorisation pour l'établissement d'une Ecole des Arts et Métiers dont un Français, Mr Garbeyron, doit être le Directeur.

Son Altesse prend intérêt à tout ce qui se rapporte aux découvertes de la mécanique ou de l'industrie; elle entretient des ingénieurs et des mécaniciens distingués à son service.

Dernièrement, Mohammed-Bey envoyait en cadeau au jardin zoologique de Marseille quelques animaux sauvages dont la Direction du jardin avait désiré faire l'acquisition.

Ce prince a assuré la sécurité des habitants de la ville de Tunis en instituant des rondes de nuit et des patrouilles militaires. Anciennement, il y avait quelque imprudence pour les étrangers à se hasarder seuls dans la partie moresque de la ville après le coucher du soleil.

Les arts sont appréciés à Tunis : le célèbre violoncelliste, Max Baurer, se trouvant dans cette ville et ayant été mandé à la Marse pour jouer devant la cour, son Altesse le récompensa plus largement que ne l'avait fait aucun des souverains de l'Europe devant lesquels l'habile musicien s'était fait entendre.

Le Bey exerce l'hospitalité de la manière la plus digne et la plus noble. Il a reçu et accueilli, comme l'avait déjà fait son prédécesseur, les princes Caramanli qui régnaient autrefois à Tripoli, et en ont été dépossédés par la Turquie. Il leur a assuré une position à sa cour, où ils sont traités comme des membres de sa famille.

Les étrangers sont reçus dans ses Etats avec toute sorte de courtoisie et de politesse.

Pour les musulmans, jamais ils ne s'adressent en vain au bey; chacun d'eux est sûr d'être écouté avec bienveillance, et de trouver un père dans son souverain.

VILLE DE TUNIS.

Tunis est appelée El-Kadra (la Glorieuse), comme aussi El-Zahera (la Verdoyante), Tounès-El-Chattrah (la Bien-gardée), le Séjour de félicité, l'Industrieuse, la Florissante, ou la Blanche comme la nomme Diodore de Sicile. — Cette ville mérite certainement le titre de reine des cités mauresques, car elle possède au plus haut degré le cachet de l'Orient, et elle semble justifier le proverbe des Maures tunisiens qui prétendent que lorsqu'on a bu une fois de ses eaux, ou respiré son air, on ne peut faire autrement que d'y revenir.

Lorsqu'on arrive par mer dans le golfe de Tunis, on jouit d'un magnifique spectacle.

Et d'abord le golfe lui-même et la vue du port sont splendides: le premier a été comparé au Bosphore. Les paquebots jettent l'ancre en face de la Goulette. On aperçoit d'abord le délicieux village de Sidi-bou-Saïd, pittoresquement posé sur un rocher qui avance dans la mer, et d'où la vue est véritablement féerique: c'était le cap Carthage. Plus loin, les ruines éloquentes de la fameuse cité punique, son admirable aqueduc, les palais de l'aristocratie tunisienne, la chapelle St Louis, enfin la promenade du Belvédère, charmant mamelon planté d'oliviers, et rendez-vous de la société européenne.

A gauche s'étendent de hautes chaînes de montagnes disposées en amphithéâtre, formant une perspective des plus grandioses et s'étendant jusqu'au Cap Bon. Ce sont les sommités de l'Hamman-Lif, du Djébel-Reças, et les pics élevés du Zahouan, qui se détachent sombres et bronzés sur un ciel de l'azur le plus vif et le plus pur. — Plus près, le village de Rhadès où Régulus battit Hannon, et des mamelons verdoyants, sur l'un desquels est gracieusement posté le fort Sidi-bel-Hassen entre deux monuments sacrés dédiés à de saintes princesses musulmanes, la Kbira et la Manoubia, au sommet eux-mêmes de vertes et riantes collines. Dès que le voyageur qui a quitté son bord, est monté sur une espèce de grand canot, il entre dans la Goulette, canal de jonction entre la mer ou golfe de Tunis et le lac salé qui y fait suite. A l'une des extrémités de ce canal se trouvent des ruines d'épaisses murailles romaines de la plus étonnante solidité; au milieu de ce canal on rencontre une partie de la flotte, et un grand nombre de bâtiments de commerce, romains, toscans, napolitains, grecs ou maltais; puis, d'un côté une forteresse avec des canons du plus beau travail, ornés du lion de St Marc, cadeau de Venise république au souverain de Tunis, et de l'autre un palais demi-circulaire que le précédent bey avait fait construire. Enfin à l'extrémité opposée du canal on découvre la petite ville de la Goulette, avec sa citadelle bâtie par Charles-Quint, ses soldats, ses marins, ses douaniers. Le lac de Tunis qui a fort peu d'eau est couvert, surtout aux jours d'arrivée des courriers de Marseille, Gênes, Malte, Alexandrie, de fort grandes barques aux voiles latines, appelées *sandales*, offrant le coup d'œil d'une sorte de régate. En avançant vers le port ces barques dispersent des troupes nombreuses de beaux flamants roses, dont quelques-uns ont six à sept pieds de longueur, et des multitudes de grèbes, de mouettes, de sarcelles, de cormorans, de canards et de pigeons sauvages. Ce lac nommé El-Baheira a plus de quatre lieues de circonférence, mais seulement deux mètres de profondeur, aussi le fond en est-il une vase épaisse et noire. —Le trajet par eau de la Goulette à Tunis est une vraie partie de plaisir, si le temps est beau et la mer calme.

Après avoir dépassé les rivages de la Goulette au sable d'or, et un îlot nommé Chikli, petit fort maintenant abandonné et pittoresquement placé au milieu du lac, on aborde au quartier de la Marine, situé à un quart-d'heure à peine de la principale porte d'entrée de la ville, soit Bab-el-Bahar (porte de la mer ou de la marine), qui est du plus beau type mauresque moderne. — Des deux côtés, en dedans et en dehors de la ville se trouvent des places publiques. En dehors et dans le faubourg est la place du marché où se pressent et s'entassent toutes les nationalités et tous les costumes, toutes les variétés d'animaux et toutes les marchandises du pays. Ce marché a lieu chaque jour, de grand matin, et il dure souvent toute la journée; l'animation y est telle qu'il est quelquefois difficile d'y fendre la foule des badauds qui se presse autour d'exhibitions de singes savants, de jongleurs, de prestidigitateurs nègres, de récitateurs, de marchands ambulants, et d'industriels de toute sorte dont ce lieu est le rendez-vous. — Parmi ces derniers on remarque un grand nombre de petits garçons maures qui, vendant de l'eau fraîche, tiennent à la main un grand verre de cristal de Bohême ciselé, bleu, vert, rouge ou jaune dans lequel ils offrent et font boire leur précieux liquide : celui-ci est renfermé dans des gargoulettes, sortes de jarres en terre cuite où l'eau se conserve assez froide pour que ces gamins se permettent de crier à tue-tête « eau à la glace. »

Les faubourgs sont remplis de marchands maures de toute espèce et de voituriers maltais ; on y trouve aussi des sculpteurs de marbre ou d'albâtre, et un grand et élégant café moresque avec jardins, kiosques, et musique ou chants indigènes avec accompagnement obligé de la durbakka, de la mandoline arabe, de la flûte de roseau et du tambour de basque ou tamtam.

Tunis est admirablement située. — Ceinte de murailles crénelées fort épaisses dont les portes se ferment tous les soirs, elle est environnée de mamelons fortifiés. Elle se divise en quartier maure, en quartier franc ou européen, et en quartier juif.

Lorsqu'on a franchi la Porte de la Marine, on trouve la place de la Bourse ou du quartier franc, la plus grande de

Tunis. — Là, tous les jours, les négociants du pays vont, viennent, achètent, vendent ou causent de leurs affaires; et les voitures qui ne peuvent pénétrer dans les rues trop étroites s'y arrêtent amenant des indigènes, musulmans, chrétiens, israélites, ou emportant de nombreux touristes, munis de leurs provisions, de leurs armes, et de tous les échantillons antiques qu'ils ont recueillis à Carthage, à Oudna ou à Utique.

La vie et l'activité règnent sur cette place, bigarrée des produits humains ou inanimés de l'Afrique, de l'Europe et de l'Asie. Le voyageur qui s'y voit harcelé par une nuée de gamins voulant à toute force lui cirer ses bottes, ou par des facchini qui se disputent ses effets et des cicérone désireux de l'exploiter, finit par trouver un refuge dans l'un des deux hôtels européens où il rencontre, sinon tout le comfort de son pays, du moins des égards, des soins, des prévenances, et une bonne table.

Dans le quartier franc qu'on nomme Sidi Morgiani, résident tous les consuls étrangers, représentants de dix ou douze pays divers, comme aussi les principaux négociants, et en général les Européens. Le Dimanche les consuls font hisser leurs pavillons, ce jour-là Tunis offre un coup-d'œil charmant. Depuis le Belvédère ou toute autre localité un peu élevée, lorsqu'on contemple cette immense cité à l'aspect pittoresque et grandiose, avec ses gracieuses coupoles et ses élégants minarets, ce quartier franc tout pavoisé, ces forteresses et ces murailles crénelées, ces palais, ces terrasses, et surtout ces sites variés, ces horizons radieux, ces panoramas aux tons chauds, ce ciel d'un bleu étonnant et indescriptible, on se sent en plein Orient dans la Constantinople africaine, surtout au printemps, alors qu'un temps perpétuellement beau a fait oublier les pluies de Janvier, que la riche végétation du pays étale toutes ses splendeurs, et que l'air si pur et si léger est parfumé par les exhalaisons balsamiques qui s'élèvent de toutes parts.

Le Vendredi, jour sacré de l'Islam, Tunis est pavoisée de drapeaux aux armes et aux couleurs de l'Etat, qui flottent sur les mosquées, les établissements publics et les palais du souverain.

Dans le faubourg même, non loin de Bab-el-Bahar et près de Bab-el-Carthagène, au bord de la route et dans un coin d'un cimetière musulman, on peut voir un petit mausolée sacré, qui est surmonté d'une coupole où brille le croissant, et qu'on appelle marabout ou kouba. Ce mausolée est entouré d'un petit jardin de quatre ou cinq mètres carrés, où croît de l'herbe et un seul arbre. C'est le tombeau du dernier Abencerrage, ou tout au moins c'est le tombeau que Mr de Chateaubriand désigne clairement comme étant le lieu de sépulture d'Aben-Hamet, l'héroïque amant de Dona Blanca de Bivar. — Les Maures le nomment Sidi Sfian. — Mais le palmier, mentionné par l'auteur d'Atala et de René, a péri dernièrement, et le monument lui-même menace ruine.

Dans le quartier européen on trouve des maisons construites avec goût, mais trop élevées; on peut citer comme assez gracieuse la demeure du chargé d'affaires de S. M. britannique, sur la place de la Bourse.

Ce quartier réunit de nombreux magasins européens assez bien garnis, des coiffeurs, des cordonniers, des quincailliers, des merciers, des magasins de modes, des relieurs, des tailleurs dont l'un est parisien, une demi-douzaine de confiseurs, et une douzaine de pharmaciens. Tunis compte au moins vingt médecins, mais n'a pas souvent de malades.

Il s'y trouve pour les familles d'ouvriers pauvres des fondouks, sortes de phalanstères dont les habitants sont pour la plupart maltais, ou bien encore grecs et italiens. Ces gens sont entassés au nombre de cinquante ou soixante familles et leurs enfants vivent pêle-mêle, durant le jour, au milieu de femmes sales et mal peignées. Chaque famille a pourtant son petit logement particulier dont les portes, ayant toutes issue dans la cour intérieure, font ressembler le fondouk à une espèce de couvent avec ses nombreuses cellules de moines.

Dans la ville maure chaque caravane a son fondouk: or il y a les caravanes de Bizerte, de Souza, de Sfax, et des autres villes de la Régence.

C'est dans la ville maure que l'on trouve les immenses bazars où se vendent les produits tunisiens et orientaux. Plusieurs jours de la semaine, et dès le matin, a lieu une vente à la criée de toutes les marchandises, de tous les objets divers qu'il est possible d'imaginer. Cette vente a lieu dans le Souc, grande et large rue couverte, à portiques et à colonnades à bandeaux alternativement verts et rouges. Chacun crie à tue-tête le nom de l'objet qu'il veut vendre avec son prix, et cela tout en montant ou descendant la rue et se frayant un passage au milieu de la foule affairée. Quelques-unes de ces rues sont larges, mais se terminent souvent par des impasses étroites et tortueuses, ou des passages voûtés, obscurs et boueux, qui ne permettent point la circulation des voitures. — En plusieurs endroits les maisons tombent en ruines, et les rues sont désertes; dans d'autres au contraire, l'animation règne au plus haut point. — Les rues tunisiennes ne sont pas uniformes; plusieurs sont ornées de portiques élégants; quelques-unes ont de l'analogie avec les rues de Pompeï, d'autres avec les ruelles des villes actuelles de l'Italie. — Les professions spéciales ont leur quartier particulier, chacune a le sien: les armuriers qui fabriquent les yatagans et les couteaux-poignards; les serruriers, chez lesquels se font des clefs et des serrures gigantesques; les tailleurs qui confectionnent des vestes rose-tendre, bleu de ciel, vert-pomme et jaune-canari, ornées de broderies d'or ou d'argent: les bonnetiers qui mettent la dernière main aux fameuses chéchias, soit fez de Tunis; les selliers qui assemblent l'or, l'argent et la soie sur le velours ou le maroquin pour en fabriquer des selles élégantes et des harnais d'un goût exquis avec ornements d'argent massif; les menuisiers qui font de jolies boîtes ou de gracieuses étagères couvertes d'or, ou aux couleurs les plus vives; les cordonniers qui brodent la babouche avec des soies éclatantes. On voit des rues entières de marchands qui vendent des coffres de nacre ou d'écaille, des bijoux du Levant, des essences de rose et de jasmin qui embaument l'atmosphère; des tissus merveilleux brodés d'or et faits à la main, des étoffes de soie de toute espèce, des haïks, des tapis, des burnous grossiers en poil de chèvre ou de chameau, ou des burnous fins garnis de franges et de nœuds de soie brillante; des couvertures de laine aux dessins variés et bizarres, ou aux larges raies vertes, rouges, bleues et blanches; à quoi il faut ajouter les nombreux vendeurs de fruits, d'épices, de tabac, et de quincaillerie qui se trouvent partout. — Dans plusieurs rues et bazars on voit de sveltes palmiers qui s'élancent gracieusement auprès d'un café maure, ou d'énormes figuiers dont la riche végétation ombrage les nombreuses petites boutiques qui se pressent les unes contre les autres, semblables aux alvéoles d'un rayon de miel. — Les affaires sont terminées de bonne heure dans le monde indigène; les magasins sont fermés pour la plupart à trois ou quatre heures. Presque toute l'après-midi d'ailleurs ceux des marchands qui ne dorment pas dans leur boutique, accroupis sur des tapis, boivent du café maure et ne s'occupent guère des chalands.

Tunis, à laquelle plusieurs auteurs donnent 150,000 habitants, est pourtant silencieuse à cause du manque de chars et de voitures. On n'entend guère que le cri du muezzine qui du sommet des mosquées invite le peuple à la prière et à l'adoration.

Avec leurs coupoles vertes ou blanches et leurs minarets élancés et gracieux, les mosquées sont très-nombreuses. L'entrée n'en est permise qu'aux seuls musulmans, et le touriste imprudent qui voudrait y pénétrer risquerait de se faire un mauvais parti. La grande mosquée Djem-el-Kébir, en particulier, est un beau monument par son étendue, son style, ses marbres, ses dentelles de pierre, ses portes en bois d'un travail remarquable. Celle de la place de la Kasba imite la forme de la cathédrale de Séville avec ses damiers, sa marqueterie et ses tourelles. On peut citer encore la mosquée Djem-ou-Zitoun et la Turba qui sert de sépulture à la famille régnante.

La place de la Kasba elle-même est très-pittoresque. On y trouve réunis des cafés élégants, des ruines romaines et sarrasines, des palmiers, des figuiers, des fontaines sous des portiques aux colonnades de marbre blanc.

Au commencement du XVIIIe siècle Tunis comptait trois cent cinquante mosquées.

La Kasba est la citadelle qui domine entièrement la ville. Cette immense et colossale forteresse renferme encore des monuments des premiers rois de Tunis, des constructions de Charles-Quint, et des armures qui ont été conquises sur les Espagnols; on y trouve une poudrière et une fonderie de boulets. La porte principale est peinte de diverses couleurs, les parois sont ornées de sentences du Koran, et l'une des tours est couverte d'ornements, de sculptures et d'arabesques remarquables.

Le palais de ville du souverain (Dar-el-bey) est certainement le plus beau type d'habitation princière de style moresque qui existe dans le monde. Il a été construit par le bey Hammouda, il y a plus de soixante ans. La cour est pavée en marbre blanc, les portiques sont de marbre blanc et noir avec trois arches de chaque côté, et seize colonnes torses fort élégantes. Dans le grand salon et dans les boudoirs sont des arabesques semblables à celles de l'Alhambra et aussi fines et délicates qu'une broderie de dentelle, le plafond est doré avec des arabesques de diverses couleurs, et les salles sont garnies de belles gravures, reproduisant les tableaux de Léopold Robert ou représentant des sujets bibliques et des scènes tirées de l'histoire d'Angleterre, d'Italie et de France. Les batailles de Napoléon I y occupent une grande place, car cet empereur est resté en vénération auprès des Orientaux. — L'un des salons est tout tapissé de glaces adhérentes aux parois et au plafond, enchassées de baguettes en or de Venise. La salle à manger est une merveille: le plafond dont la forme imite un toit gigantesque est couvert d'or et d'arabesques de bois entrelacées, rouges et vertes; les parois sont de marbre blanc uni, avec de légères colonnes d'albâtre: cette chambre vraiment grandiose par son élévation prodigieuse est magnifique dans son élégante simplicité. —Depuis le pavillon situé au sommet du palais, on découvre toute la ville ainsi que les environs qui offrent un admirable panorama.

La ville, bâtie en carré long formant un peu le croissant, a environ deux lieues de circuit. — Les rues en sont fort boueuses quand il pleut, mais elles sèchent avec une grande rapidité. Sous chaque rue se trouve un canal ou conduit pour les eaux grasses qui s'en vont à la mer, mais malheureusement ces canaux, n'étant pas recouverts dès leur prolongement dans les faubourgs, donnent lieu à des émanations peu agréables.

Chaque maison a sa terrasse, sa cour intérieure, son puits, sa citerne pour les eaux pluviales. Ces maisons construites en pierre et blanchies à la chaux vive n'ont qu'un étage, et quoique leur extérieur n'offre rien de remarquable, l'intérieur en est souvent d'une grande richesse. Les fenêtres qui sont fort petites et garnies d'un treillis en fer à mailles très-serrées ne donnent pas sur la rue, mais les terrasses sur les maisons les remplacent avantageusement; aussi dans la belle saison, l'animation y est-elle fort grande, car c'est là qu'on vient jouir de la brise de mer et de la douce fraîcheur de la nuit. Ces terrasses servent aussi à faciliter l'écoulement de l'eau de pluie dans les citernes et à faire sécher le linge et les fruits. — Des tapis et des nattes recouvrent le vestibule qui donne entrée de la rue dans la cour : là le maître de la maison reçoit ses amis et ses connaissances, prend le café, ou se repose. — Peu de gens parcourent les rues à une heure avancée: ceux qui vont et viennent après la retraite doivent être munis d'une lanterne. C'est un spectacle curieux pour un étranger qui a pris le thé au quartier franc dans quelque famille de la société européenne, et qui rentre à l'hôtel, escorté lui-même d'un domestique porteur d'un énorme reverbère, de rencontrer pendant ce trajet, munis d'une petite lanterne, de graves Maures, des officiers attardés, des Juifs affairés, des touristes anglais, de respectables consuls, des négociants en frac, ou des dames élégantes revenant de soirée qui enjambent lestement les boues, les ruisseaux, les canaux d'eaux grasses, ou les amas de poussière et de balayures étalés négligemment au milieu des rues.

La ville maure est un vrai labyrinthe, il est très-facile de s'y égarer; et, quoiqu'il soit plus prudent de ne pas s'y engager aux approches de la nuit, on peut dire toutefois qu'on ne rencontre généralement que de la politesse de la part des Maures comme il faut, qui se font un plaisir de vous indiquer votre chemin, si pourtant on sait se faire comprendre d'eux, ou les comprendre suffisamment soi-même.

Le voyageur fera bien, avant de quitter Tunis d'aller contempler un beau site sur une éminence en dehors de la ville. En sortant par la porte Bab-el-Aly-Ben-Zouaouaï on trouve sur le chemin du Bardo, d'abord un fort, puis un petit moulin délabré et abandonné, admirablement situé sur une hauteur d'où l'on domine le pays entier, Tunis et tous ses environs, la mer et les lacs salés, Carthage, la Marse, le Bardo, et les nombreux villages qui environnent ces diverses localités. Le touriste a devant lui un paysage suisse dans tout son éclat, rehaussé par un ciel d'Orient, et une ville moresque à ses pieds, marquée du cachet oriental le plus pur.

Parmi les localités remarquables environnant Tunis il faut citer, outre la Marse résidence du bey, le Bardo, la Mohammédié, la Manouba, et le village d'Ariana.

Le Bardo est un immense palais: siége nominal du gouvernement, ce palais n'est pourtant pas habité par le souverain actuel qui ne s'y rend que dans les grandes occasions. On trouve réunies au Bardo qui ressemble à une petite ville, outre les palais proprement dits, des casernes fort bien tenues, les prisons de l'Etat, une Ecole polytechnique, et une agglomération de maisons appartenant à de grands officiers du précédent bey. Le tout est entouré de fossés, de fortifications avec des canons, et gardé par la troupe.

Pour arriver dans les appartements intérieurs, on traverse plusieurs vastes cours à portiques, ornées de marbres de diverses couleurs, de colonnades, de fontaines d'albâtre, de candélabres, et de grands divans de velours.

Le grand salon dans lequel le bey reçoit est tendu en velours cramoisi brodé d'or; les ottomanes, les divans, les fauteuils et les chaises sont également en velours ou en soie, le plafond cintré est doré et d'un élégant travail ; les parquets sont couverts de riches tapis de Perse.

Dans ce beau salon se trouvent plusieurs meubles précieux en porcelaine de Sèvres, cadeau du roi Louis-Philippe au bey Ackmed. On y remarque aussi un grand portrait de ce roi, travail des Gobelins, des armes magnifiques, ainsi que plusieurs tableaux de maîtres, et tout le luxe des palais princiers européens.

Le Bardo renferme plusieurs autres salons, des boudoirs, des pavillons, des salles à manger, des bains, un très-grand nombre de chambres à coucher, et de nombreux appartements destinés aux serviteurs.

Dans une autre direction, et à deux lieues de Tunis, on trouve la Mohammédié, palais du feu bey maintenant abandonné. — C'était aussi une petite ville par la quantité de bâtiments entassés les uns près des autres, les vastes casernes, et la population assez considérable qui y habitait. — En creusant les fondations de ce palais, on trouva de nombreux tombeaux d'évêques de la Carthage du Bas-Empire, des antiquités remarquables, et beaucoup de monnaies romaines, d'or, d'argent et de cuivre.

La Manouba renferme un antique palais en ruines, dont les arabesques intérieures en plâtre sont remarquables par leur finesse et leur élégance. De nombreuses maisons de campagne, avec de riches jardins, sont dispersées dans les environs; on doit citer particulièrement le palais du général Kair-Eddin dont l'habitation, moitié orientale et moitié européenne, est visitée par tous les touristes en passage. Le général ne permet pas que jamais ses nombreux serviteurs qui font l'office de cicérone reçoivent la plus petite gratification, et la consigne est très-scrupuleusement observée, exemple qui devrait être suivi dans bien des contrées de l'Europe. Des jardins d'orangers, des fleurs, des jets-d'eau, des bosquets et de magnifiques ombrages entourent cette demeure.

Le village d'El-Ariana près de Tunis est entouré de jardins, de hauts arbres d'une végétation riche et variée, et de villas agréablement situées dans des oasis de verdure.

LA COUR.

Son Altesse, le Bey actuel, a choisi la Marse (Marsa) pour sa résidence. Il a fait preuve en cela de beaucoup de goût. Cette localité qui est au bord de la mer à une lieue de l'ancienne Carthage et à trois de Tunis, est admirablement située; la végétation y est d'une grande magnificence, surtout en comparaison des environs immédiats de la capitale, qui sont peu cultivés.

La Marse, il y a peu d'années encore, n'avait aucune apparence, tandis que maintenant, grâce à l'inspiration du prince qui, le premier, se choisit cette localité pour résidence, elle présente une agglomération de palais, de jardins, et de délicieuses maisons de campagne groupées à peu de distance les unes des autres.

Les seigneurs de la cour et les consuls européens ont suivi l'exemple du souverain, et ont fait bâtir dans les environs du palais du bey de charmantes villas. On admire les jardins de S. E. le comte Raffo, où sont cultivées avec le plus grand soin la banane et la mandarine, ainsi que tous les produits de l'Afrique et de l'Europe; et la maison du chargé d'affaires de France, entièrement bâtie et meublée dans le style mauresque.

Lorsqu'un étranger arrive à la Marse, tout lui annonce et lui fait sentir qu'il approche de la résidence d'un souverain de l'Orient. — L'animation règne aux abords du palais: ce sont les carrosses des grands de la cour, traînés par des chevaux ou des mules de prix, et conduits par des nègres à la livrée orientale; ce sont les officiers, les généraux à cheval; les serviteurs du prince, ou des Maures en grand costume; les consuls européens dans leurs voitures; les étrangers, les voyageurs, sans compter des caravanes d'Arabes, de Maltais, de Juifs; ou des chameaux, des muletiers, et des attelages de toute espèce et de toute sorte, qui vont et viennent de Tunis à la Marse.

Le palais que S. A. le bey a fait construire, lorsqu'il était héritier présomptif, a été augmenté de plusieurs ailes; on y arrive par une grande route, qui serpente à travers un pays dont la riche végétation frappe de plus en plus à mesure qu'on approche. On traverse ainsi des champs fertiles de céréales, on pénètre dans des bois d'oliviers, on arrive aux ruines majestueuses de l'aqueduc qui fournissait l'eau à Carthage, et enfin l'on se trouve au milieu de jardins, de prairies, de vergers aux arbres les plus variés et aux bordures de cactus d'une hauteur prodigieuse.

La troupe garde les abords de la Marse. A droite et à gauche de la grande porte d'entrée, enfoncée sous les cintres mauresques qui la surplombent, sont placés des factionnaires. La façade du palais est fort belle. Au premier étage et en avant, se trouve un pavillon ou kiosque d'une élégante structure, qui domine la place, et d'où le bey, entouré de son état-major, se fait voir et passe les revues dans certaines occasions particulières.

Lorsqu'on a la permission de franchir la porte du palais, on trouve une première cour spacieuse, pavée en marbre blanc, et d'une propreté remarquable. Là se promènent en liberté, vont et viennent des oiseaux rares, et de charmantes petites gazelles tout-à-fait familières. Au centre de cette cour est une grande fontaine d'albâtre, à trois bassins superposés et surmontés d'une flèche ornée du croissant.

Plusieurs portes donnent sur cette vaste cour : l'une de ces portes de style mauresque est en marbres de diverses couleurs, et forme une mosaïque dans le genre de celles que l'on remarque dans la cathédrale de la Valette, à Malte, où sont ensevelis les grands-maîtres et les chevaliers de l'ordre de St Jean de Jérusalem. Cette porte qui est gardée par deux eunuques armés, n'est jamais franchie que par les princes du sang; elle donne entrée au palais habité par les princesses dont l'entourage composé de dames d'honneur, de servantes, de femmes de chambre et de négresses s'élève au nombre de plus de mille personnes. Ce sont des Circassiennes, des Géorgiennes, des Grecques, d'une grande beauté pour la plupart, avec un mélange moins flatteur pour l'œil de négresses de toutes nuances. —Jamais aucune des princesses ne paraît en public, ce qui est conforme à l'usage des cours orientales.

A l'entrée d'une autre porte donnant dans les appartements intérieurs habités par les princes, on admire de beaux lions en marbre blanc.—Le bey reçoit souvent dans une vaste galerie de style mauresque aux vitraux de mille couleurs, lesquels contribuent à donner aux arabesques du plafond et des parois un aspect fantastique. Dans le parc attenant à cette résidence princière se trouvent des jardins d'orangers, entourés de haies épaisses de gigantesques géraniums.

Vis-à-vis du palais est le lit de justice : c'est une immense tente à trois colonnes (le bey seul a le droit d'avoir une tente à trois colonnes) qui est impénétrable au soleil et à la pluie; par terre sont étendus des nattes et de beaux tapis au dessus desquels, à dix-huit ou vingt pieds, flottent des draperies de luxe. — Un palais se construit actuellement tout près de là, il est destiné à remplacer cette tente; le prince y rendra la justice. Le rez-de-chaussée servira de caserne.

On marie dans le pays les jeunes filles dès l'âge de douze à quinze ans, mais il est de règle d'attendre pour les princesses celui de vingt à vingt-cinq ans.—Outre leur fortune personnelle, chaque princesse du sang qui se marie, reçoit un cadeau du bey de trente mille piastres. Dans les cérémonies des fiançailles, ou dans celles du mariage d'une princesse du sang, les dames de la famille du bey sont couvertes de diamants, et vêtues avec une extrême magnificence. Une simple bague est souvent embellie d'un diamant d'un million de francs. — Le souverain qui aime les arts et les objets de goût, donne quelquefois des sommes considérables pour tel ou tel gracieux et riche bijou venant de Paris ou de Genève : cet exemple est suivi par les seigneurs du pays.

Tout dernièrement le bey s'est fait donner la comédie par une troupe italienne, on a joué l'opéra *Il Trovatore*, et La Mort et le Médecin : toute la cour assistait à cette représentation qui l'a fort divertie.

Les princesses reçoivent avec beaucoup d'affabilité et de bonté les dames européennes qui vont leur faire visite.

GOUVERNEMENT ET JUSTICE.

Le gouvernement de la Régence de Tunis est une monarchie absolue et héréditaire. Seulement, lorsqu'un bey vient à mourir, c'est toujours l'aîné de la famille entière qui lui succède. C'est ainsi que le plus souvent le fils ne succède pas à son père, du moins pas immédiatement; car si ce fils a un parent plus âgé que lui, ne fût-ce qu'un cousin, s'il est prince du sang, c'est celui-ci qui monte de plein droit sur le trône.

La dynastie actuellement régnante est celle des Hussein-ben-Aly qui gouverne depuis 1705.

Le bey est complétement indépendant de la Porte ottomane.

L'héritier présomptif se nomme le Bey de Camp, parce qu'il est chargé de commander les expéditions, soit camps, qui ont lieu deux fois par an, pour aller percevoir l'impôt auquel sont soumises les tribus de l'intérieur des terres. Le bey de camp est actuellement Sidi-Essadec, frère du prince régnant.

Le Bardo est le siége du gouvernement. Le Bey actuel s'y transporte dans les grandes occasions, au retour des voyages du bey de camp, par exemple, ou lorsqu'il reçoit un ambassadeur du sultan; mais c'est à la Marse, sa résidence habituelle que se rassemble le conseil des ministres, et que son Altesse rend la justice.

Un ordre du bey, revêtu de son cachet, s'appelle Ammar-el-bey ou Amrah. Le souverain porte toujours sur lui son sceau qu'il ne quitte jamais.

Le bey a plusieurs ministres: le ministre des Finances soit le Kas-Nadar (gardien du Trésor), Si Mustpha. — Le ministre de la Marine, général Si Kair-Eddin. — Le ministre des Affaires étrangères, M. le comte Raffo. — Le ministre de la Guerre, Saheb-el-Zaghaïa (Porteur de la lance ou sagaie), Si Mustpha-el-Agha. — Le Secrétaire du bey est le général Si Far-Hat, qui porte le titre de Saheb-el-Djebira (Porteur du portefeuille). — Le Garde des Sceaux est le Saheb-el-Thaba. — L'interprète du bey, le Bachi-Kasak, c'est-à-dire gardien de la garde-robe du bey, est M. Boggo.

Plusieurs des ministres ou grands officiers de la cour ont un vrai mérite et beaucoup de talent; on distingue plus particulièrement M. le comte Raffo, le général Si Kair-Eddin, le Kas-Nadar Si Mustpha.

La ville de Tunis a un gouverneur, le Cheik-el-Médina ou Doulateli, et un commissaire de police ou Bach-Amba-el-Médina.

La Tunisie est divisée en cercles. Chaque cercle a un commandant, espèce de gouverneur ou Caïd qu'on appelle

Bach-Aouat. — Il y a les cercles de Souza, de Monastir, de Sfax, de Bizerte, du Kef, du Kérouan, de Halk-el-Oued (la Goulette), de Djerbi, de Gabès, du Djérid, de Kahia, de Méthelit et des Beni-Isied ou Beni-Zid.

Tous les gouverneurs de village se nomment Cheiks.

Le Garde des Sceaux, le Saheb-el-Thaba que quelques auteurs européens nomment Sapatapa ou Saptap, occupe un rang assez élevé : c'est lui qui, lorsqu'il y a un ordre à donner, un édit à promulguer, vient respectueusement prendre le sceau du bey pour l'appliquer sur l'amrah ; toutefois, même pendant cette formalité, le bey ne se sépare point de son cachet qui reste attaché à sa personne.

Quant aux tribunaux musulmans à Tunis, il y en a de plusieurs espèces. — Le juge s'appelle Cadi. L'agent du cadi, Sebi-Cadi. — Le tribunal simple qui porte le nom de Cheriat-Ennabi, est composé d'un seul cadi. — La réunion de plusieurs cadis ou tribunal supérieur se nomme El-Medjelés. — Enfin, le tribunal mixte, le Rebaïd-el-Kabla, renferme des cadis, et d'autres personnes en dehors de la jurisprudence. — On peut appeler directement de ces tribunaux à son Altesse.

Le Mufti est un magistrat supérieur qui peut casser un jugement du cadi, pour avoir manqué à quelque article du Koran. — Le chef des Muftis s'appelle Bach-Mufti.

Le bey rend lui-même la justice. — La justice est toujours rendue au nom de Dieu. — Le monarque a seul le droit de condamner à mort.

Quant à la peine de mort elle-même, le genre en diffère beaucoup suivant la nationalité des criminels.

Les Kouloughis et les Turcs sont étranglés dans une des salles de la Kasba. La strangulation qui est le supplice le moins infamant, a lieu sans témoins. — On entoure le cou du criminel avec une corde bien frottée de savon; quatre exécuteurs, dont deux à sa droite et deux à sa gauche, tirent cette corde avec les mains et même avec les pieds, jusqu'à ce que le malheureux supplicié ait passé de vie à trépas.

Les Maures ont généralement la tête tranchée avec le sabre: deux exécuteurs se placent, l'un à la droite, et l'autre à la gauche du condamné qui a les yeux bandés. L'exécuteur qui est à sa droite le pique au bras avec la pointe d'une épée, ce qui fait vivement retourner la tête au patient, tandis que l'autre exécuteur, profitant du moment où il a la tête inclinée sur l'épaule droite, la lui sépare du corps d'un seul coup de yatagan. — L'exécution a lieu au Bardo, ou bien dans la localité où le jugement a été rendu par le bey.

Les Marocains sont pendus, de même que les Zouaouas ou soldats kabyles. On pend à Bab-el-Suec qui est l'une des portes de Tunis.

Les militaires sont fusillés. Mais cette exécution est parfois horrible, quand il arrive que le malheureux soldat reçoit jusqu'à quinze ou vingt balles sans mourir, aucune ne l'ayant atteint à la tête ou à la poitrine, et que, pour mettre fin à son agonie, on est obligé de lui écraser la tête avec une grosse pierre.

Les femmes condamnées à la peine capitale étaient mises dans un sac rempli de pierres et jetées à l'eau dans le lac, à la Marine. Mais comme le lac n'a pas, dans ses bords, deux pieds de profondeur, les exécuteurs étaient chargés d'enfoncer le sac avec des perches, et de le maintenir au fond de l'eau jusqu'à ce que la malheureuse fût bien étouffée. Ce supplice est actuellement aboli : il est remplacé par un bannissement dans une espèce de galère, dans l'île Kerkéna du golfe de Gabès. — Il faut ajouter qu'avant la noyade la femme coupable était promenée par toute la ville, assise à rebours sur un âne.

Les Juifs étaient brûlés. Revêtus d'une chemise de goudron, ils étaient exposés sur un bûcher de bois sec, auquel on mettait le feu. Le dernier Juif brûlé le fut en 1818, peu avant une peste qui dura deux ans. Mais, comme on attribua cette peste au supplice du Juif, personne n'a plus été condamné depuis à ce genre de mort.

La bastonnade est une punition très-fréquente, elle a lieu dans des cas moins graves. Elle se pratique ordinairement en frappant avec un nerf de bœuf sur la plante des pieds, ou sur le dos, et quelquefois sur la poitrine. — Le bey seul a le droit de faire mourir sous le bâton, dans ce dernier cas il condamne à mille coups. On a vu cependant des individus d'une constitution tellement robuste qu'après avoir reçu jusqu'à mille coups rudement appliqués ils vivaient encore, et guérissaient complétement. — En général, au cinquième ou sixième coup la peau de la plante des pieds est déchirée; mais il arrive que les gens riches qui ont le moyen de faire une largesse au bourreau sont ménagés par lui; et quant aux gens de la campagne qui, ordinairement fort pauvres, ne peuvent pas employer ce moyen-là pour adoucir leur punition, ils ont la plante des pieds si dure par l'habitude de marcher sans souliers que ce supplice leur est beaucoup moins douloureux.

On coupe aussi le bras ou le poignet. C'est au médecin tunisien, sujet du bey, qu'est dévolu cet office qu'il a, du reste, rarement l'occasion de remplir. — Le Koran dit à ce sujet (Sourate la Table, verset 42): « Quant à un voleur » ou à une voleuse vous leur couperez les mains comme » rétribution de l'œuvre de leurs mains, comme châtiment » venant de Dieu. »

Autrefois on trempait le moignon dans du goudron brûlant, afin d'éviter un traitement chirurgical. La main coupée était pendue au cou du voleur, attachée par une ficelle; et ce malheureux était promené par la ville, assis à rebours sur un âne.

La galère (Karaka) est à la Goulette; elle est réservée aux contrebandiers et aux petits voleurs. Là, ils sont enchaînés deux à deux par les pieds, étant condamnés aux travaux forcés pour un temps plus ou moins long.

La Gandala est la prison où l'on met les gens prévenus de quelque crime, mais non encore jugés; elle est à Tunis. Ils n'y restent pas longtemps, car la justice est plus expéditive dans la Régence qu'en Europe. — Les officiers prévenus vont dans la Esraïa, prison qui se trouve dans le palais même du bey.

Quand le prince rend la justice, les gens les plus coupables lui sont toujours présentés les derniers.

Lorsqu'une exécution a lieu, la population se presse pour assister soit à la pendaison, soit à la décapitation par le sabre. L'Europe n'est certes pas en arrière sous ce rapport! Le condamné, debout sur l'échafaud, demande pardon à Dieu et aux hommes de son crime, et aussitôt le peuple entier rassemblé autour de l'échafaud répond: « Esmaâh! » nous te pardonnons. C'est vraiment une clameur étrange que ce cri poussé dans un sentiment sérieux et profond, et qui est suivi, comme il a été précédé, d'un grand silence. — Le peuple qui souvent jette des pierres aux exécuteurs, lorsque la justice a eu son cours, cherche aussi à saisir quelque morceau des vêtements du condamné, qu'il s'imagine devoir lui porter bonheur.

Il arrive fréquemment que lorsqu'un homme a été assassiné, sa famille accepte le prix de son sang; c'est-à-dire que, moyennant une grosse somme d'argent payée aux parents de sa victime, le meurtrier peut sauver sa tête. Ce prix du sang se nomme la *dïa*, elle varie beaucoup suivant les individus et les familles; du côté du Désert elle est généralement fixée à cent chameaux. — Lorsqu'il est prouvé que le meurtrier a frappé pour sa défense, la dïa n'est pas due.

Quand les parents de la victime refusent la dïa, la justice suit son cours. Cet usage remonte au temps de l'aïeul du prophète. — La peine du talion est aussi appliquée dans le royaume de Tunis.

Le bey rend personnellement justice tous les lundis, mardis, mercredis et samedis. Ces jours-là, dans la matinée, à l'heure où le prince entre dans la salle de justice pour siéger sur son trône, le Bach-Amba-el-Bey, sorte d'huissier du bey ou maître des cérémonies, annonce à haute voix que son Altesse reçoit. Quand la séance est terminée, le Bach-Amba crie « El Afia! » La paix, ce qui signifie que le bey ne reçoit plus. — C'est le Bach-Amba qui introduit auprès du souverain les consuls et les personnes marquantes, présentées par leurs agents diplomatiques.

Au fond d'une vaste et magnifique tente, ornée de draperies et de tapis de prix et dressée vis-à-vis du palais de la Marse, se trouve placé le trône, surmonté des armoiries du Souverain. — Là, quatre fois la semaine, tous les sujets du bey (qu'il appelle ses enfants) viennent, s'ils ont quelque demande à faire ou quelque différend à vider, l'apporter au pied du trône. — Le prince avec l'intelligence et la sagacité qui le caractérisent, rend une justice prompte et équitable qui dénote un coup d'œil exercé à discerner le vrai du faux. — Chacun s'adresse à lui avec un profond respect, mais librement et plutôt comme à un père vénéré que comme au puissant prince qui, d'un signe, peut faire trancher la tête au quel que ce soit de ses sujets.

C'est un fait digne de remarque que le Maure, ou l'Arabe le plus chétif et le plus obscur, qui se présente pour plaider sa cause devant son souverain, s'exprime avec aisance et lucidité, en même temps qu'avec dignité, convenance et quelquefois avec une véritable éloquence; bien supérieur en ceci à plus d'un paysan européen qui, devant le maire seulement de son village, ne sait quelle contenance tenir et balbutie quelques mots, sans suite et sans grâce, en tortillant sa casquette dans ses mains.

Bien souvent son Altesse Sidi Mohammed, le bey actuel, dit à ses ministres des paroles dans le genre de celles-ci : « Je veux que mon peuple soit heureux! -- Ne suis-je pas le père de mon peuple? -- Ne le chargez pas d'impôts, mes revenus me suffisent. -- Ne dois-je pas rendre compte à Dieu de la manière dont j'aurai rendu la justice, et administré ce grand peuple qu'Il m'a donné à gouverner? -- Souvenez-vous, vous-mêmes, qu'un jour aussi vous serez jugés par le Tout-Puissant selon la manière dont vous aurez agi! »

Des sentiments aussi nobles, cette préoccupation constante de rendre heureux le peuple que Dieu lui a confié, et ce désir d'administrer la justice avec équité, ont donné au prince une sagacité toute particulière, qui ressort dans ses jugements comme dans son administration.

Son Altesse ne dédaigne point de faire justice à des gens qui viennent simplement pour une question de dix ou vingt piastres, ou pour quelque différend au sujet d'une vache, d'une mule, d'un mouton, ou d'un objet d'une importance très-secondaire.

C'est toujours gratuitement que la justice est rendue.

ARMÉE, MARINE, IMPÔTS.

Le bey Hammouda-Pacha qui monta sur le trône en 1782, et mourut en 1814, entretenait vingt mille hommes de troupes réglées, plus cinq mille Turcs-Mameluks ou Kouloughis, enfants de Turcs ou de Mameluks, nés dans le pays, deux mille Spahis maures, et trois mille Zouaouas.

Quant aux irréguliers, dans le cas d'une guerre on avait sous la main vingt mille Zouaouas, et même jusqu'à cinquante mille Bédouins simplement enrôlés pour cette occurence, et ne servant que dans les occasions extraordinaires. — Dix mille Arabes de la campagne servaient pour accompagner les camps ou les troupes réglées lorsqu'elles étaient en marche pour une expédition, mais ces Arabes pouvaient vaquer à leurs occupations en temps ordinaire.

Les Mameluks étaient destinés à la garde du bey.

La moitié des troupes résidait à Tunis.

Sous les beys qui succédèrent à Hammouda-Pacha, les choses restèrent à peu près dans le même état; mais sous Ackmed-bey l'armée fut de nouveau organisée. Ce prince avait quarante mille hommes de troupes régulières, auxquelles il donna un costume uniforme. Cet uniforme se compose pour les soldats d'une veste boutonnée et d'un large pantalon: la veste est rouge ou bleu foncé, suivant les régiments; le pantalon est de drap garance, ou de toile blanche suivant la saison. Les officiers portent la capote avec des épaulettes distinctives, le pantalon droit, en drap noir orné de broderies ou d'une large bande en or, des bottes vernies, et des gants paille. La coiffure est, pour tous, la chéchia rouge, garnie d'un flot de soie bleue.

Ackmed-bey organisa une mission militaire, destinée à instruire, à régulariser et à discipliner les troupes tunisiennes. A la tête de cette mission étaient placés des officiers supérieurs étrangers fort distingués, tels que MM. H. de Margadel, Des Charmes, Lavelaine-Maubeuge, etc.

Les cinq ou six casernes de Tunis, et de ses environs immédiats, sont fort bien tenues et très-bien distribuées.

Le corps des Hambas a des fonctions analogues à celles des corps de la gendarmerie en Europe.

Tous les soirs la retraite au clairon et au tambour retentit dans les rues de Tunis.

Actuellement il y a sept régiments de troupes régulières, chacun de quatre mille hommes, deux régiments de cavalerie, deux régiments d'artillerie, et un de marine.

Il y a deux généraux de division, sept généraux de brigade, sept colonels et sept lieutenants-colonels.

Le général de division s'appelle ...... Férick.
Le général de brigade .... Liona.
Le colonel .... Amiralaï.
Le lieutenant-colonel .... Kaïmakan.

Le gros-major	Allaï-Amin.
Le commandant, chef de bataillon....	Bin-bachi.
Le capitaine-major	Koulaghassi.
Le capitaine	Sous-bachi.
Le lieutenant	Moulazem.
Le sergent-major	Bach-chaouch.
Le sergent	Chaouch.
Le caporal	On-bachi.
Le soldat	Nafer ou Askri.

Les officiers de tout rang portent au cou la marque distinctive de leur grade: elle est en argent, en or, ou en diamants.

Le bey nomme directement à tous les grades.

La seule décoration pour le mérite, civil ou militaire, est le Nicham tunisien (l'ordre de l'honneur).

Si Tunis n'a pas une marine considérable, c'est que jamais cette ville ne s'est livrée à une piraterie continue comme Alger. Elle possède une frégate, deux bricks, trois vapeurs, deux corvettes, ainsi qu'un très-grand nombre d'autres vaisseaux moins considérables. Vers 1820 la marine de l'Etat comptait déjà plus de cent sept bâtiments.

Les bâtiments de commerce se chargent dans les ports de Tunis, de Bizerte, de Porto-Farina, de Djerby, de Souza; mais toutes les marchandises entrent par celui de la Goulette.

Les impôts sont prélevés sur tout le peuple. A Tunis chaque homme paie trois piastres (environ quarante-cin sous) par mois comme impôt personnel. En outre tous les magasins ont un droit à payer.

Les Cheiks prélèvent l'impôt sur les tribus; mais comme quelques tribus des frontières de Tripoli et du Grand Désert refusent parfois de payer ces impositions, le bey envoie deux fois par an des camps pour les prélever, et ceux-ci contraignent bientôt les rebelles à s'acquitter de cet impôt. C'est ordinairement le prince héréditaire qui commande l'expédition, d'où lui vient le titre de Bey de Camp.

Il y a deux camps dans l'année. Le premier part en Janvier et revient à la fin de Mars; il rapporte des couvertures, des burnous, du beurre salé, et il ramène des chameaux chargés d'argent. Le second a lieu en automne, il dure également deux mois, et il rapporte du blé, de l'orge, des dattes, et de l'argent.

Lorsque le bey de camp arrive de son voyage, le jour de son retour est signalé d'avance, et devient fête. Le souverain se transporte de la Marse au Bardo dans un magnifique carrosse couleur rose-tendre, doré, et sur les panneaux duquel sont peintes les armes de sa famille; ce carrosse est traîné par neuf mules du plus grand prix, attelées trois par trois. Le bey régnant est escorté par les grands officiers de la cour, montés sur les plus beaux chevaux du pays. — Ces superbes animaux sont caparaçonnés à la façon des chevaux des chevaliers du moyen-âge lorsqu'ils paraissaient dans un grand tournoi : ils ont des housses de soie brillante aux couleurs vives et variées, qui couvrent presque entièrement la partie inférieure de leur corps; ils ont des selles de velours bleu, violet ou grenat, brodées d'or ou d'argent fin, et dont quelques-unes coûtent jusqu'à douze ou quinze mille francs. Ces nobles coursiers ont l'allure fière qui distingue le cheval arabe; ils ont aussi ces membres déliés, souples et élégants, ces jambes fines, cette tête petite et gracieuse, ces yeux noirs, vifs et pleins d'intelligence qui sont le partage de ce bel animal si fort apprécié en Orient, et que le Koran appelle « le bien terrestre par excellence. »

Un peuple immense est rassemblé dans les environs du Bardo : les Maures dans leurs carrosses, les Juifs entassés dans des espèces d'omnibus, les Européens à cheval ou en voiture, sont venus de Tunis pour jouir du spectacle.

Quelques-uns des consuls vont à la rencontre du prince héréditaire.

Un très-grand nombre de femmes, voilées, font toutes entendre à la fois, pour témoigner leur joie, un cri particulier, espèce de trille aigu sur la syllabe you! you! lequel dure environ deux minutes, et finit simultanément et brusquement. Ce cri perçant et prolongé est produit par le gosier qui est frappé légèrement, mais à coups redoublés, avec la main droite.

La troupe défile lentement au son de la musique. La cavalerie l'a précédée. Chaque cavalier qui arrive devant la porte du palais du Bardo avec son cheval lancé au grand galop, s'arrête instantanément, après avoir auparavant tiré un coup de fusil en l'air, lancé ce fusil dans l'espace, et l'avoir reçu avec une extrême dextérité: tout cela pendant la course à fond de train de son cheval.

Le bey de camp, entouré de son état-major, passe à son tour entre deux haies de soldats du Bardo qui bordent la route et retiennent les curieux. A son arrivée le canon gronde, la musique redouble ses fanfares, et les femmes leurs trilles aigus. De tous côtés les cavaliers se livrent à la fantasia, c'est-à-dire, renouvellent leur course en lançant leurs chevaux qui partent comme des flèches, en tirant des coups de fusil, en agitant leurs armes en l'air et en les faisant tournoyer au-dessus de leur tête, tout en accompagnant leur manœuvre de joyeux cris de fête.

Pendant ce temps les Européens qui se tiennent debout dans leurs voitures découvertes pour mieux voir, cherchent à s'y maintenir en équilibre au milieu de l'effroi et de l'impatience de leurs chevaux qui ne peuvent rester tranquilles, malgré tous les conseils et les avertissements dont les gratifient les cochers maltais, qui finissent généralement par leur administrer quelques volées de coups de fouet.

La cérémonie terminée, les chameaux chargés d'argent et de marchandises rentrent à Tunis, ou se rendent à la Marse; les troupes se retirent; les Juifs repartent dans leurs omnibus et s'y entassent de nouveau au risque d'étouffer ou d'écraser les plus petits d'entre eux; les seigneurs de la cour caracolent en escortant le carrosse rose du prince qui retourne à la Marse, traîné par ses neuf vaillantes mules, qui exécutent ce trajet avec une rapidité étonnante.

Il existe à Tunis une Ecole polytechnique pour les jeunes Tunisiens qui se destinent à l'armée, et qui sortent lieutenants au bout de six ans. L'Ecole est tenue militairement, et les élèves font généralement en peu de temps de grands progrès. Ils apprennent, outre l'art militaire, l'arithmétique, la géographie, les mathématiques, la géométrie, l'arabe, le français. Le gouvernement les nourrit, les habille, et leur accorde la solde militaire.

Les professeurs sont : M. le commandant de Tavern, directeur ; M. Soulié, professeur de français et d'arabe; M. de Serre, professeur de mathématiques. — Il y a, en outre, un capitaine et un lieutenant pour instruire les élèves dans l'art militaire, et quatre sergents pour les maintenir dans le devoir. — On les punit par la salle de police, et, dans les cas de récidive, par des coups de bâton dont le maximum est fixé à trois cents.

Si le bey seul a la perception des impôts, c'est qu'aussi il a seul l'administration des revenus publics, celle de la police générale et particulière, et la haute surveillance des fonctionnaires et de tout ce qui regarde l'armée, la marine et les travaux publics. — Les relations diplomatiques ne relèvent aussi que de lui.

Malgré cette multitude d'objets différents qui réclament

tant d'attention et de temps de la part d'un souverain, tout est dirigé avec ordre et précision dans ces diverses administrations. Celles-ci sont, il est vrai, réduites à leur plus grande simplicité, en quoi elles ont l'avantage de l'économie, de la célérité, et d'une facilité de surveillance telle que d'un seul coup d'œil le prince peut s'apercevoir des abus ou des malversations qui pourraient se glisser dans l'Etat.

Tous les trois ou quatre ans le prince régnant passe une grande revue des troupes irrégulières, et surtout de la cavalerie qui se rend aux expéditions bisannuelles soit camps, pour percevoir les impôts dans les tribus de l'intérieur. La cérémonie a lieu devant le palais de la Marse: son Altesse y siége dans son pavillon, entourée d'un brillant état-major de généraux et de grands dignitaires. De là le bey voit tout ce qui se passe et peut facilement faire connaître son opinion.

Les cavaliers défilent, homme après homme, montés sur leurs chevaux. Un officier appelle à haute voix le nom de chaque individu, tandis qu'un scribe enregistre à mesure les observations, et que quatre caïds richement vêtus servent d'introducteurs.

Des serviteurs du bey, entièrement couverts de magnifiques vêtements rouge-ponceau, font à la fois l'office d'huissiers et d'exécuteurs: l'un d'eux, par exemple, est muni d'une immense paire de ciseaux; un autre d'une espèce de panier, soit couffin; un troisième tient en respect le cheval que l'on examine, alors que son cavalier qui est en selle, est appelé à haute voix par le scribe. Chaque homme reste ainsi deux ou trois minutes devant le pavillon du bey, qui fait connaître sa décision par un simple signe.

Aussitôt que le cavalier et sa monture sont acceptés, le serviteur vêtu de rouge, qui est muni de la grande paire de ciseaux, et qui a les yeux constamment fixés sur le pavillon royal, saisit les crins de la queue du cheval, et donne un coup de ciseaux au bout de cette queue dont les crins sont reçus dans le couffin de l'autre serviteur, vêtu également en ponceau. Le cavalier est généralement accepté, à moins qu'il ne soit trop vieux. Le cheval ne l'est pas toujours: il est refusé s'il a l'air trop chétif, ou s'il lui est survenu quelque accident. Dans ce cas les serviteurs font descendre l'homme, et entraînent le cheval dans une des écuries du prince, où il est marqué comme hors de service. — Tous les chevaux de la cavalerie appartiennent au bey, qui fait ordinairement remplacer ceux qui sont trop mauvais. — Le malheureux cavalier dont le cheval est blessé ou trop maigre, et qui craint d'en être séparé, s'adresse au bey depuis sa monture, et plaide lui-même sa cause à haute voix. — Quelques hommes arrivent à pied, apportant et tenant à la main la queue entière de leur cheval pour prouver qu'il a péri.

Cette revue dure plusieurs heures, et, malgré la longueur de la séance, ce Souverain vraiment patriarcal examine tout, donne constamment son avis, et bien souvent, la revue terminée, va présider le conseil de ses ministres.

CLIMAT ET PRODUCTIONS.

INDUSTRIE ET COMMERCE.

Tunis est située entre le 33° 10′ et le 37° 12′ de latitude Nord, et le 5° 30′ et le 8° 55′ de longitude Est.

L'étendue du royaume est au moins de 150,000 kilomètres carrés, sans compter les régions qui sont au delà du Belad-al-Djérid.

Le climat de Tunis est extrêmement salubre. La chaleur, quoique bien plus forte qu'en Europe, ne fatigue pas autant que dans des contrées plus septentrionales, ce qui doit être attribué à la qualité de l'air plus élastique et plus pur. La salubrité de Tunis vient de sa position admirable, et peut-être des marais salés qui se trouvent dans son voisinage. On n'y entend pas parler de fièvres, comme dans d'autres localités du littoral africain; et la seule maladie qui y règne, pendant l'été, est l'ophtalmie provenant de la réfraction d'un soleil brûlant et des vents chargés de sable et de poussière. — Un fait digne de remarque, c'est que les jeunes enfants qui sont, en général, plutôt pâles et délicats dans les pays très-chauds, sont presque toujours à Tunis gras et bien portants, avec des joues fraîches et vermeilles.

Le thermomètre, en hiver, se maintient ordinairement à

10 ou 12° au-dessus de zéro, et ne descend presque jamais à zéro, tandis que, en été, il monte de 25 à 30°, et jusqu'à 40 et 50° C. dans les localités les plus exposées au soleil.

Les mois de Mars, d'Avril et de Mai sont fort agréables à Tunis. Pendant cette saison douce et tempérée la végétation se montre dans sa magnificence, mais durant les mois qui suivent, tout est desséché et brûlé par le soleil. — Les pluies ont lieu surtout en Décembre, en Janvier et en Février. — Le mois de Juin est consacré aux moissons. — Au mois de Novembre les pâturages reverdissent.

La Régence de Tunis produit en abondance tout ce qui est nécessaire à la vie. L'on y trouve presque tous les arbres fruitiers, l'olivier, le caroubier, le figuier, l'oranger, le citronnier, l'amandier, le palmier-dattier, le châtaignier, le noyer, l'aloès, le cactus, le jujubier, le grenadier, le coignassier, le mûrier, l'arbousier. — Partout où se rencontrent des jardins quelque peu soignés on voit des cerisiers, des pommiers, des poiriers, des pruniers, des abricotiers, des pêchers; on cultive le raisin, le melon, la pastèque, la banane, le cumin, le sumac, le henné, le tamarin, le safran, le séné, le tabac, la garance, le coton, et même la canne à sucre.

On trouve dans les forêts le cédre, le chêne vert, le chêne-liége, le chêne blanc, comme aussi le frêne, l'orme, le saule, le peuplier, le platane, le lentisque, le tremble, l'aune, le pin, et en moins grande quantité, le tamaris, le cyprès, le myrthe, le thuya dont on faisait des tables qui se vendaient, du temps du roi Juba, un prix exorbitant.

Les prairies sont émaillées de toutes les fleurs que l'on voit en Europe dans les campagnes et dans les jardins. Le grand nombre des fleurs de couleur bleue est remarquable. — Tunis produit tous les légumes: déjà à la fin de Janvier on mange des petits pois. — On a des oranges à peu près toute l'année.

Dans les environs de la ville on remarque des champs de fèves considérables; puis, plus loin, des collines couvertes de beaux oliviers. Tout le littoral en est boisé, et l'on en trouve des plaines immenses sur les bords de la Méjerda, rivière qui coule à environ trois lieues de Tunis. Aussi le commerce des huiles est-il considérable. — De grandes étendues de pays sont couvertes de céréales.

Les meilleures dattes du monde croissent dans le Sud de la Régence dans le Belad-al-Djérid, pays des dattes, plus simplement le Djérid. — Il y a plusieurs espèces de ce fruit, lesquelles se divisent encore en diverses qualités. La dégla qui est muscate est la meilleure: elle se subdivise en deux qualités, dont la première se récolte avec soin en Janvier et en Février, lorsqu'elle est bien mûre et délicate. La seconde qui est inférieure se cueille à la fin de Décembre. Ces deux variétés sont expédiées en Europe. La hora n'est pas si recherchée que la dégla, on en fait la récolte en Octobre et en Novembre. La hamma sert de nourriture aux Arabes

Bédouins, elle est aussi envoyée à Malte pour le peuple. Enfin la datte de Gabès parvient à peine à maturité: coupée en deux, on en fait une espèce de pâte dont se contente la frugalité des Arabes.

Quant à la constitution du sol il se compose de calcaire, de marnes ou de marnes argileuses, et de sables marneux.

Les côtes sont d'une grande richesse de végétation. La couche de terre végétale y est parfois fort épaisse. — Le pays est très-montagneux du côté du Kef au Sud-Ouest, et du mont Zahouan à l'Est, pic du sommet duquel on découvre sept rangs de montagnes dans la direction du Cap Bon. Au delà du Djérid, du côté de Gadamès on ne trouve plus guère qu'un sol uni, dur, couvert de sables mobiles que le vent transporte çà et là, et qui sont soulevés en ondes agitées comme les flots de la mer. Parfois ce désert est entrecoupé par des collines rocailleuses, renfermant d'énormes couches de sel gemme, blanc comme la neige, ou par de grandes plaines basaltiques, ou encore par des amas de ces mêmes pierres entassées les unes sur les autres, mêlées et amalgamées à des pétrifications ou à des troncs d'arbres carbonisés. Le pays renferme aussi quelques oasis, ou terrains fertiles et arrosés qui étonnent par leur aspect riant et l'abondance de leurs produits.

La Régence est très-riche en mines de toute espèce. Dans les montagnes de l'Hamman-Lif et du Djébel-Reças on trouve beaucoup de plomb, au Kef des mines de fer, de cuivre, de soufre, de tripoli. L'argent et les autres métaux se trouvent également. — Les côtes sont riches en corail. — Le sable de la Goulette est aurifère. — On exploite aussi l'antimoine avec lequel se prépare le cosmétique nommé koheul, dont les femmes se teignent en noir les sourcils et les paupières pour donner à leurs yeux plus d'éclat et de douceur. Cette pratique remonte à la plus haute antiquité, car elle était connue des dames grecques et romaines, et elle n'est pas totalement étrangère aujourd'hui aux dames de Paris qui vont à l'Opéra.

La Régence renferme toute espèce d'animaux, le lion, le tigre, la panthère, la hyène, le chacal, le singe, le lynx, le renard, le cerf, l'antilope, le mouflon, l'ichneumon, la loutre, la gerboise, le sanglier, la gazelle, l'autruche, le flamant, la grue, ainsi que tous les animaux domestiques et toutes sortes de gibier, tels que lièvres, perdrix, cailles, bécasses, bécassines, grives, courlis, alouettes, canards sauvages, ortolans, pinsons, poules de Carthage, pluviers blancs, pluviers dorés, etc. — La Tunisie est l'un des plus beaux pays de chasse du monde. — Les bêtes féroces, reléguées dans les montagnes n'inquiètent guère le voyageur qui, avec des soins et une très-grande propreté, peut se préserver des insectes désagréables et incommodes, auxquels les pays chauds sont sujets. La hyène et le chacal ne sont point dangereux: ils s'apprivoisent facilement, un homme seul les fait toujours fuir, et les Arabes les traitent à coups de pied.

Les bêtes venimeuses n'y sont pas plus nombreuses qu'en Europe, hormis le scorpion qu'on trouve particulièrement dans le Sud, mais qui ne blesse que pour se défendre; il se rencontre rarement dans les maisons, et se tient ordinairement au dehors sous des pierres. Sa piqûre d'ailleurs guérit promptement. — Les serpents et les araignées n'y sont pas plus redoutables qu'en France.

Des multitudes d'abeilles qui se nourrissent de plantes sauvages aromatiques, font leur miel dans les trous et les creux des rochers, des collines et des montagnes de l'intérieur du littoral. Ce miel qui découle souvent des rochers, sert à la nourriture des habitants, et la cire est l'un des objets dont on fait un grand commerce dans le pays.

Les vaches de Tunis sont assez belles et un peu plus grosses que celles de l'Algérie. Les moutons sont d'une espèce particulière: ils ont de larges et grosses queues, chargées de graisse, qui pèsent jusqu'à vingt kilogrammes.

L'on rencontre parfois des troupeaux de plusieurs milliers de chameaux qui paissent dans les vallées. Cet utile animal est le serviteur le plus fidèle de l'Arabe. Une charge de 300 à 350 kilog. ne l'empêche pas de faire 60 kilomètres d'une seule traite, ou 25 à 30 lieues par jour. Il se nourrit des végétaux les plus coriaces et les plus secs, du cactus, par exemple, dont les énormes piquants ne lui font aucun mal. Il peut se passer de nourriture pendant plusieurs jours, et de boisson pendant des mois entiers. On met à profit sa chair, son poil dont on fait des tentes, sa peau, sa graisse, et le lait de la femelle. —Le méhari est le dromadaire-coureur : il se trouve dans le Désert et sur ses confins; c'est un bel et noble animal aux formes gracieuses, fort estimé à cause de la rapidité de sa course, très-supérieur au chameau, et dont le prix est sept ou huit fois plus élevé.

On trouve partout des chèvres, des vaches, et des pigeons pour des prix étonnamment bas; puis aussi la tortue, le caméléon, la sangsue, et la sauterelle qui sert de nourriture aux habitants pauvres des oasis. Enfin il faut mentionner la cigogne, le grèbe, le héron, le cormoran, l'outarde, le pélican, et les oiseaux de proie, comme l'aigle, l'épervier, et beaucoup d'autres. Sur les côtes on trouve en abondance des huîtres, des oursins, des clovis, des moules, des crevettes, des homards, etc. Il y avait autrefois trois madragues pour le thon : celles de Monastir et de Sidi Daoud étaient renommées, actuellement il n'en reste plus qu'une en activité. — La cochenille et les éponges se trouvent aussi dans la Régence.

Du côté du Djérid on rencontre des sources, chaudes à 45 ou 50 degrés environ. Ces sources contiennent cependant des petits poissons qui vivent dans cette température élevée: ils sont sans arêtes, sans muscles, et sans yeux apparents; hors de l'eau chaude, c'est-à-dire à l'air ou dans l'eau froide, ils meurent immédiatement.

L'industrie indigène la plus étendue est celle des chéchias, soit fez ou bonnet oriental; elle occupe beaucoup de monde. La laine qui vient de Djerbi est tricotée à Tunis par des femmes. Les bonnets, une fois faits, sont cardés à la main avec beaucoup de soin: on voit, dans des rues entières, des Maures occupés à ce travail. Les chéchias sont foulées à Tébourba sur les rives de la Méjerda, l'ancienne Bagrada; puis, teintes et de nouveau foulées à Zahouan. On les teint avec un mélange de garance et de cochenille. Les eaux de Zahouan leur donnent cette belle nuance qui n'a pu être obtenue nulle part ailleurs. Aussi expédie-t-on de Tunis des chéchias de toutes formes en Turquie, en Perse, en Egypte, dans le Maroc, en un mot, dans tous les pays musulmans. — On trouve à Tébourba une fabrique de draps; à la Gourfa, une fabrique de vêtements pour les militaires. — A Souza, à Monastir, des fabriques de savon, des moulins à huile : ces derniers sont très-nombreux dans la Régence, particulièrement sur les côtes où les oliviers abondent. — Il y a à Tunis un Etablissement de machines à vapeur dont le directeur est un Prussien, M. Harouas, et le chef mécanicien un Sarde, M. Costa. — Les cuirs sont aussi une branche de commerce étendue. La fabrication des selles est digne d'attention. —Le commerce avec le Levant, Malte, la Sardaigne et la Sicile est assez considérable. — Les Arabes de l'intérieur filent le poil de chameau dont ils font des tapis, des tentes, des burnous, des cordes pour se ceindre la tête et attacher le haïk.

L'Hôtel des Monnaies est situé au Bardo. — Les pièces

tunisiennes en or, en argent, et en cuivre y sont frappées à la marque du souverain.

Monnaies d'or.	Le boumia	vaut	....	cent	piastres
	Le boukamsin	»	....	cinquante	»
	Le bouocherine	»	....	vingt	»
	Le bouachra	»	....	dix	»
Monnaies d'argent.	Le boukamsa	»	....	cinq	»
	Le bouarba	»	....	quatre	»
	Le boutlatta	»	....	trois	»
	Le bourialin	»	....	deux	»

Le bouriel est la piastre qui vaut environ treize ou quatorze sous de France, tantôt plus, tantôt moins.

La demi-piastre, la nusria, est aussi en argent.

Quant aux monnaies de cuivre ce sont :

Le bourboô, pièce de quatre caroubes ou quart de piastre.

La boussette, qui vaut six aspres, soit deux caroubes moins un fels.

La caroube, qui vaut trois aspres.

L'aspre, qui est un tiers de caroube.

Le fels, qui est la moitié de l'aspre et le sixième de la caroube.

Anciennement on avait encore la bourbina, qui était la sixième partie d'un fels, et la six cent vingt-quatrième partie d'une piastre. Il y a quarante ans qu'il était encore possible d'acheter quelque chose au marché avec une seule bourbina.

Les marchandises paient trois pour cent à la douane de Tunis.

La mesure de longueur est le draâ (la coudée), qui

s'étend du coude à l'extrémité de l'index. Les étoffes fabriquées à Tunis se mesurent avec le draâ arbi, bras ou coudée arabe, et les étoffes étrangères avec le draâ turki, coudée turque. Il y a peu de différence entre ces deux mesures. — Pour mesurer les terres et les maisons, on emploie le draâ maleki, la mesure ou le bras de l'ange : c'est l'étendue des deux bras déployés, y compris le corps, d'un index à l'autre index. — Pour les grains c'est le saâh, le temna, l'ouïba et le kfise qui sont usités. Le saâh ou charge vaut 125 kilog. ou environ 250 livres.

Quant au commerce européen, il s'occupe particulièrement des huiles, puis aussi des céréales comme exportation; les importations consistent en toute espèce d'articles.

En 1780 il n'y avait que huit maisons de commerce établies à Tunis, toutes étaient françaises. Actuellement encore il n'y a qu'un nombre très-restreint de maisons de premier ordre. Les autres maisons européennes, moins considérables, ont à leur tête des Israélites livournais.

Les princes de Tunis se sont toujours montrés bienveillants pour les négociants européens établis dans leurs Etats.

VILLES ET LOCALITÉS DIVERSES

DE LA RÉGENCE.

La petite ville de LA GOULETTE, entourée de murailles, avec un château fort dont Charles-Quint jeta les fondements, et qui domine la rade de Tunis. Le golfe de Tunis dont l'ancrage est excellent, est en même temps l'un des plus sûrs de la Méditerranée: il peut avoir environ cinquante-cinq lieues de circuit.

La Goulette contient quinze cents habitants, Européens, Maures, Maltais ou Juifs, dont beaucoup sont pêcheurs et bateliers.

La troupe garde les fortifications, les portes, les prisons et la forteresse. Le port est remarquable: un long canal conduit au grand bassin destiné à recevoir les bâtiments tunisiens; ce canal conserve en bon état des murailles d'une haute antiquité; à son entrée et à droite se trouvent les deux magnifiques canons de Venise, ornés du lion de St Marc. A gauche est le palais de forme demi-circulaire, bâti par Ackmed-Bey. La Goulette renferme des chantiers de construction, un arsenal, de vastes magasins, une douane, une prison pour les galériens, etc. — En 1820 un phare y fut élevé.

Mr Cubisol, vice-consul de France, qui est aussi vice-consul de presque toutes les nations européennes pour la

Goulette spécialement, habite cette ville avec sa famille: son obligeance envers les touristes européens est fort grande.

Quelques auteurs pensent que la Goulette est l'île Galatha ou Galitha de Ptolémée, et le Goulon de Pline; d'autres qui placent la Galita de Ptolémée plus près de Tabarca, croient que la Goulette n'est pas d'une haute antiquité comme ville, et font dériver son nom de l'italien Goletta (petite gueule ou goulot), les Italiens l'appellent en effet Goletta di Tunisi. — Quant aux Tunisiens, ils la nomment Alk-el-Oued.

Sidi-bou-Said, charmante petite ville moresque, pittoresquement située sur la colline la plus élevée de l'extrémité du cap Carthage, et d'où la vue est véritablement splendide. L'immense panorama qu'on peut embrasser depuis cette hauteur est non-seulement d'une très-grande beauté, mais encore d'un intérêt bien vif, car les ruines si étendues de la fameuse cité punique sont à vos pieds, et reportent votre imagination à quelque deux ou trois mille ans en arrière.

Cette jolie cité, si orientale et si gracieuse, et qu'on pourrait facilement prendre pour le théâtre d'un des drames des Mille et une nuits, possède une forteresse, et plusieurs villas moresques délicieuses. La belle vue qu'on a depuis cet endroit ne manque pas d'analogie, sans cependant lui être entièrement comparable, avec celle dont on jouit depuis le sommet du Righi près de Lucerne en Suisse. — Elle a même été comparée sous d'autres rapports au Bosphore de Constantinople.

La Chapelle St Louis, bâtie sur l'emplacement où l'on présume que mourut ce roi de France, qui périt de la peste en 1270 au moment d'en partir pour la dernière croisade. Le bon sire de Joinville rapporte que son maître était venu « devant le chastel de Carthage » parce qu'il s'était flatté de voir « le roy de Thunes se chrestienner luy et son peuple. »

Vue de loin, cette chapelle offre l'aspect le plus gracieux, mais, lorsqu'on en approche, on trouve son architecture mesquine. Ses fondations s'appuient sur les bases d'un temple d'Esculape; d'autres prétendent que c'est sur l'emplacement du palais de Didon. L'édifice de forme octogone et de style moresque couronne le sommet d'une colline: il est bâti d'une espèce de pierre blanche, dite marbre de Soliman, et s'élève d'une plate-forme dallée et circulaire, à laquelle on monte par six marches établies sur tout le pourtour. Dans l'intérieur est la statue de St Louis en marbre blanc. Autour du monument est un fort joli jardin, bordé d'un mur. Outre le logement du chapelain, Mr l'abbé Bourgade, on y trouve une collection d'antiquités puniques et romaines. Le concierge de la chapelle, qui découvre constamment soit de belles mosaïques, soit des objets tels que lampes, vases, monnaies antiques, bas-reliefs en marbre, statues, fresques, etc., a établi de son côté un petit musée qui se dégarnit à mesure par les achats des touristes. — Cette chapelle est un hommage du roi Louis-Philippe à la mémoire de son illustre ancêtre. Ackmed-Bey en concéda le terrain qui fut remis en son nom à Mr de Lagaux, consul-général de France, en Août 1840.

Les ruines d'OUDNA, soit Uttine ou Udine, sont très-intéressantes et surpassent, sous quelques rapports, les ruines de Carthage, du moins quant à ce qui en reste à l'extérieur, et si l'on en excepte le magnifique aqueduc qui, de Zahouan, conduisait les eaux à la ville de Didon. — Les ruines d'Oudna se composent de restes de temples, de ponts, de colonnes, de portiques, de murs d'enceinte, de portes, etc.

L'amphithéâtre, placé au sommet d'une colline dans laquelle il avait été en quelque sorte creusé, a ceci de particulier, que les entrées qui y conduisaient, et qui étaient au nombre de quatre, donnaient sur des passages construits dans la colline même et formaient ainsi quatre tunnels à peu près d'égale longueur. — Des citernes, immenses et fort bien conservées, sont reliées entre elles par plusieurs rangées d'arches. — De beaux fragments de statues en marbre, des mosaïques très-riches, et des bas-reliefs très-curieux gisent épars sur une vaste étendue de terrain. — Cette ville extraordinaire qui remonte à une haute antiquité, quoique les historiens et les géographes n'en fassent guère mention, possède un souterrain qui la relie à l'Hamman-Lif, localité qui est à quatre lieues de distance et qui a des eaux thermales.

Porto-Farina, où quelques auteurs font aborder et mourir St Louis, est à environ quinze lieues N. E. de Tunis, non loin des ruines d'Utique où Caton le jeune se donna la mort, et près du cap d'Apollon, actuellement le cap Zebieb. C'est dans le golfe de Porto-Farina que se jette la Medjerda. Ce grand fleuve qui était le Bagrada des anciens, est le plus considérable du royaume; sur son long parcours le pays est d'une grande fertilité.

Porto-Farina se nomme en arabe Ghar el Meleh, le bon port. Mais si ce port était autrefois excellent, il est actuellement ensablé et ne peut contenir que de petits navires. L'arsenal, le chantier de construction, et le mouillage ordinaire de toute la marine de guerre de Tunis étaient jadis à Porto-Farina.

Aujourd'hui la Goulette a remplacé Porto-Farina en importance.

Bizerte, à vingt lieues N. de Tunis et tout près du cap Blanc (Ras-el-Abiad) est agréablement située dans le fond d'un grand golfe, à l'entrée d'un canal, entre la mer et un autre golfe ou lac salé assez considérable. Elle est défendue par plusieurs forts et batteries dont les principaux sont du côté de la mer; elle peut avoir un mille de circuit. Bizerte, appelée Benzert en arabe, est près des ruines d'Utique et d'Hippone, *Hippo-Zarytos*. (*Hippo Regius*, l'Hippone de St Augustin est, comme chacun le sait, près de Bône.) — Le mot Bizerte ou Bizerta vient, suivant les uns, d'une corruption de Hippo-Zarytos ou, suivant d'autres, de l'expression arabe ben Chert, l'enfant du canal.

Le beau lac près duquel cette ville est située est en communication avec la mer. Les rives en sont charmantes, et les environs aussi fertiles que pittoresques. Pline-le-jeune remarque que ce lac reçoit continuellement des eaux de la mer, ou en envoie. En été, et quelquefois en hiver, lorsque l'air est calme et tempéré, on y observe le même phénomène que présentent en grand l'Océan et la Méditerranée, c'est-à-dire, que les eaux que ce lac perd par des exhalaisons, sont toujours remplacées par celles de la mer qui, y pénétrant par une espèce de canal, lui conservent le même niveau : la même chose arrive avec le vent du Nord qui amène ordinairement beaucoup d'eau sur la côte. Mais quand le vent est au Sud, et qu'il est tombé d'assez grosses pluies pour que le lac ait reçu plus d'eau qu'il ne s'en évapore, il décharge une partie de son superflu dans la mer.

Le port de Bizerte a dû être autrefois le plus sûr et le plus beau de toute la côte. On y voit encore les traces d'un grand môle qui se projetait fort avant dans la mer, pour rompre les vents du Nord.

Le pays est très-fertile, il est couvert de bois d'oliviers gigantesques. — La côte est très-poissonneuse, et les grandes pêches qui s'y font ne laissent pas d'être curieuses et originales.

D'après Diodore de Sicile, Agathocle dressa son camp au *promontorium Hippos*, qui se trouve près de Bizerte.

Les ruines d'Utique n'offrent plus, à l'extérieur, que quelques restes du grand amphithéâtre qui pouvait recevoir vingt mille spectateurs, s'y pressant pour contempler des représentations nautiques, et de vastes citernes qui contenaient sans doute l'eau dont on avait besoin pour les jeux de la naumachie.

On trouve à Utique une source thermale.

Depuis les ruines de cette antique cité la vue est magnifique.

L'île de Tabarque fut cédée par Soliman II, pour la rançon du fameux corsaire Dragut, à Charles-Quint qui la vendit aux familles Doria et Lomellini de Gênes. Elle resta entre leurs mains jusqu'en 1741, époque où Aly-Bey s'en empara. — Cette île qui se trouve à l'embouchure de l'Oued Zaïne, n'est pas éloignée de la petite ville de Bordj-Djedid, la dernière de la Régence, à l'extrême limite du côté des possessions françaises qui commencent au cap Roux. — Les côtes de Tabarque sont fort riches en corail rouge, blanc, rose, et noir.

Beja, fondée par les Romains, se trouve sur la route de Constantine. Flanquée d'un château fort, elle est agréablement située sur le penchant d'un coteau; son sol est fertile et très-riche en céréales. Les Maures qui l'habitent sont industrieux, et font un grand commerce avec l'intérieur.

Entre Béja et La Calle on remarque des forêts de pins,

ainsi que des montagnes couvertes de magnifiques futaies de chênes-verts et de chênes-liéges. Les cerfs abondent dans ces forêts.

Il existe à quelques lieues de Béja un vaste et long souterrain peu connu, et qui a, dit-on, quatre ou cinq heures de longueur. On y trouve des trottoirs à droite et à gauche, et des salles qui pouvaient servir de magasins; des colonnes et des fragments de sculptures y gisent épars, et entravent la circulation dans cette ténébreuse et singulière route.

TEBOURBA, sur la Medjerda, où l'on foule les chéchias.

TESTOUR, MEDJEZ-EL-BAB, et TEBOURSOUK, qui sont toutes les trois sur la Medjerda, dans un pays fertile.

NEBEUR, non loin de l'Oued-Mellègue, qui se jette dans la Medjerda. Ces deux grands cours d'eau prennent, l'un et l'autre, leur source dans la province de Constantine.

MATEUR, sur l'Oued-Joumin. — A quelque distance de cette ville, du côté de Bizerte, on admire les ruines, très-bien conservées, d'un immense aqueduc reliant deux montagnes, et ayant trois rangs d'arches superposées, d'une élévation prodigieuse.

LE KEF, l'ancienne *Sicca Veneria*, fut considéré longtemps comme le boulevard du royaume du côté d'Alger et de Constantine. Ses environs sont couverts de ruines remarquables, telles que débris de monuments, dômes, arches, citernes, et établissements de bains. Cette ville est dominée par un château fort. Sa position est délicieuse et fort pittoresque.

Les montagnes des environs renferment quelques vallées arrosées qui, boisées de lauriers-roses, présentent en été, depuis les hauteurs voisines, l'aspect ravissant de flots incroyables de soies ou de gazes roses, jetées gracieusement sur un velours vert éclatant, et coupées avec une somptueuse élégance par un large ruban ou ruisseau d'argent qui se déroule en serpentant.

C'est au Kef qu'on trouve le plus grand nombre de lions, non-seulement de toute la Régence, mais peut-être de toute l'Afrique.

Quelques mots sur ce roi du Désert peuvent avoir de l'intérêt.

Son port majestueux est d'une dignité superbe qui impose à tous les êtres de la création.

Il est doué d'une force à nulle autre pareille.

Il est audacieux et impassible, fier et courageux.

Son regard magnétique commande le respect, et remplit de terreur.

Il est plein de souplesse, et d'une élégance mâle et vigoureuse.

Il secoue, il hérisse son épaisse et ondoyante crinière qui ajoute singulièrement à l'ampleur de son noble et large front.

Ses muscles sont d'une élasticité et d'une énergie extraordinaires.

Ses dents, ses griffes sont terribles.

D'un coup de sa queue il renverse un jeune taureau.

Il guette patiemment sa proie, puis fond sur elle d'un bond prodigieux.

Il est cruel lorsqu'il est blessé, et il joue quelquefois avec sa victime encore vivante, comme le chat avec la souris qu'il a prise.

Son rugissement a quelque chose de si effrayant et de si redoutable que tous les êtres créés frémissent lorsqu'ils l'entendent. Les Arabes n'ont qu'un mot pour le désigner, c'est « errâad » le tonnerre.

Il ne meurt sous le coup des balles que lorsque son cœur ou son cerveau sont atteints.

A huit ans un lion pèse six cents livres.

Sa vie varie entre trente et quarante ans.

Le vieux lion atteint jusqu'à neuf pieds de longueur.

Les dégâts que peut commettre un seul lion sont incalculables.

Quelques-uns ne tuent que pour boire le sang de leurs victimes, ou pour apprendre à tuer à leurs lionceaux.

Le jour, le lion dort, ou du moins il n'attaque guère pendant ce temps, parce qu'il n'a pas faim, et qu'il est trop paresseux. Il fera plutôt semblant de ne pas apercevoir un homme, un voyageur, et il détournera la tête, dans le cas, bien entendu, où son repas a déjà eu lieu.

Pendant la nuit, son humeur est complétement changée: l'individu sans défense qu'il rencontre est toujours perdu. Le lion tourne plusieurs fois autour de ce malheureux, à moitié évanoui et paralysé par la terreur, en s'en rapprochant de plus en plus, jusqu'à l'instant où il le saisit pour le dévorer.

Le lion passe pour être susceptible d'affection et de reconnaissance; mais, au milieu de toutes les histoires merveilleuses dont l'Afrique abonde au sujet de ce roi des animaux, la seule chose qui paraisse un peu claire, c'est qu'il peut être intimidé, dans certains cas, certains moments, et jusqu'à un certain point seulement, par la voix humaine, lorsqu'elle est forte et vibrante. — Cet animal a en quelque sorte l'air d'estimer le courage d'un homme énergique et brave. — On dit aussi, chez les Arabes, que les femmes vieilles et laides ont le talent, lorsqu'il approche de quelque douar, de le mettre en fuite par leurs clameurs et leurs insultes.

Le lion qui est très-attaché à sa compagne, se montre aussi très-bon père de famille.

Les lions jaloux se déchirent entre eux. La lionne éprouve un plaisir tout particulier à voir deux lions rivaux s'égorger pour elle. Ce combat est toujours horrible, car il se termine par la mort des deux adversaires, qui demeurent l'un et l'autre sur le terrain, après d'effroyables blessures.

On trouve dans la Régence trois espèces de lions: le lion noir-brun qui est le plus terrible, quoique un peu moins gros que les autres espèces, et qui est plus rare. Le lion fauve et le lion gris-fauve diffèrent peu l'un de l'autre.

C'est particulièrement pour éloigner le lion que les Arabes du Nord de l'Afrique ont déboisé le pays en allumant de vastes incendies, qu'ils ne craignaient pas pour eux-mêmes, puisqu'ils vivent sous la tente.

Les habitants du Kef font la guerre au lion, mais ils sont particulièrement habiles à lui ravir ses lionceaux. Lorsqu'une famille a été signalée dans les environs de cette ville, les indigènes qui savent que le père et la mère quittent régulièrement chaque jour, pendant quelques heures, leurs petits qui sont au nombre de deux ou de trois, afin de pourvoir à leur pâture, profitent de ce temps pour chercher la retraite des lionceaux, les saisir et les emporter. Dans ce but, ils ont un cheval ou une mule sur laquelle est un double panier, posé comme un bât sur le dos de l'animal. Ils mettent dans ce panier les lionceaux qu'ils ont découverts, puis se sauvent à toute vitesse. Quand la lionne rentre dans sa tanière, et qu'elle ne retrouve plus ses lionceaux, elle pousse d'horribles rugissements, et se met à leur poursuite. Les Arabes ravisseurs, en la voyant arriver, lui jettent froidement un de ses petits qu'elle saisit aussitôt avec la gueule, comme les chiens ou les chats le font pour leur progéniture, et, sans autre forme de procès, elle l'emporte jusqu'à son repaire où elle le dépose; puis elle revient à la charge, afin d'en sauver un autre. Lorsqu'elle a rejoint les ravisseurs, ceux-ci lui jettent un second lionceau qu'elle saisit et emporte de la même façon, pour revenir une troisième fois. Mais ordinairement les indigènes ont eu le temps d'arriver au Kef, et d'en faire fermer les portes. C'est ainsi que sur trois lionceaux ils n'en peuvent conserver qu'un seul; quelquefois même ils n'en peuvent point garder du tout, trop heureux qu'ils sont de se tirer d'affaire en arrivant assez vite au Kef, avant que la lionne, qui a remis tous ses petits en place, et qui veut se venger de leur rapt, soit parvenue à faire un quatrième voyage pour punir les audacieux voleurs.

Pris jeune, le lion s'apprivoise facilement: celui des ménageries ne donne qu'une idée bien affaiblie du lion d'Afrique en liberté.

Les ruines de CELMA consistent en temples, maisons, tours, chaussées, colonnes, chapiteaux plus ou moins bien conservés.

Les restes de Thugga, ou DUGGA, entourés de beaux bois d'oliviers, sont très-considérables, et comprennent de grands temples encôre en bon état, des colonnades, et des portiques sculptés, élevés en l'honneur d'Antonin-le-Pieux. — Le pays est d'une grande fertilité et bien cultivé.

HAIDRA, l'ancienne *Tynidium*, renferme des ruines peu connues, des temples, des colonnes, des mausolées, des murailles très-élevées, des tours carrées, etc.

Haïdra est sur la limite extrême de l'Algérie, et à peu de distance de Tebessa.

De nombreux restes d'antiques villes sont aussi disséminés à droite et à gauche de l'Oued-Haïdra et sur la route du Kef.

Les ruines de Spaitla ou Sbeitla, l'ancienne *Suffetula*, sont extrêmement intéressantes: elles embrassent une vaste étendue de terrain sur lequel sont disséminés des édifices entiers, des temples, des portiques, des arcs de triomphe, dont le style est d'ordre corinthien comme la plupart de ceux qui existent dans le royaume. Les mosaïques qu'on y rencontre sont bien conservées, ainsi que ses rues dallées, et bon nombre de statues et de bas-reliefs. La richesse de ses antiquités fait ressembler cette localité à Pompeï. — On y retrouve des inscriptions puniques.

Suffétula conserva sa splendeur après la chute de l'empire romain, mais elle déclina depuis le moment où l'armée gréco-byzantine qui s'y était réfugiée y fut mise en déroute par Abd-Allah et Zobéïr, sous le règne du calife Omar.

Depuis Spaitla et dans les trois directions du Kef, du Kaïrouan et de Gafsa, on trouve une abondance inouïe de ruines romaines, telles que villes, châteaux, temples, thermes, amphithéâtres, tours, villas, fermes, mausolées, colonnes, ponts, aqueducs, cirques, prouvant la richesse de ce sol qui était si bien cultivé il y a deux mille ans.

Gafsa, ville mauresque du Sud de la Régence possède, avec Feriana, des ruines romaines. — Au midi de Gafsa et dans quelques parties du pays s'étendent des plaines immenses couvertes de couches de sel, qui forment çà et là une croûte de plusieurs pieds d'épaisseur. Ailleurs, des lacs salés d'une étendue considérable, qu'on appelle *Chott*; ou bien des montagnes rocheuses, entrecoupées par des vallées et des coteaux fertiles et bien arrosés. Presque partout on trouve des sources d'eaux douces qui surgissent de dessous terre.

Tozeur ou Tozer dans le Djérid et sur les bords d'un grand lac salé, est l'un des principaux marchés de dattes. C'est dans les oasis de cette localité que croît la datte muscate la plus exquise.

Nefta est un peu plus au Sud et à l'extrême frontière. C'est la célèbre *Negeta* décrite par Ptolémée, admirablement située dans des bois d'orangers, de citronniers, et de palmiers gigantesques. Un joli petit lac, des eaux courantes, une végétation magnifique, et des sites pittoresques et romantiques font de Nefta une oasis délicieuse. — Ses habitants sont commerçants, fort doux, et d'une urbanité parfaite.

Mansoura, Kebilli, ainsi que d'autres petites villes du Belad-Nefzaoua, dans le Djérid, sont riches par leurs oasis de palmiers. C'est le pays de l'antilope, de la gazelle, et du slougui, sorte de beau lévrier. — En été le thermomètre y dépasse 50 et 60° C.

Dans le territoire des BENI-ZID ou Beni-Isied, dont les tribus se révoltent souvent, on trouve encore EL-GUASSEUR et KALAA.

Le bey de Tunis étend sa domination fort avant dans l'intérieur du Sahara, et jusqu'aux portes de Gadamès.

ZARZIS, petite localité sur les frontières de Tripoli, est un port de mer, situé dans une grande presqu'île laquelle s'avance vis-à-vis de l'île de DJERBI ou Djerba, qui est peuplée et fertile, quoiqu'elle ne possède ni villes ni villages.

Près d'un château fort on aperçoit encore la Tour des Crânes, élevée avec les crânes de 20,000 Espagnols qui sous le règne de Philippe II, et sous le commandement du prince Doria et du duc de Médina-Cœli, étaient venus attaquer Djerbi, après avoir échoué devant Tripoli en 1561. La flotte fut dispersée, et les Espagnols qui s'étaient livrés à toutes sortes de cruautés et de déprédations dans l'île, ne purent s'échapper qu'en très-petit nombre, les deux tiers d'entre eux ayant été massacrés.

Ce fut Okba, dont le tombeau est au Kaïrouan, qui s'empara de Djerbi sur les Byzantins, la 42e année de l'hégire, sous le règne de Mohawiah.

GABÈS ou Gabeus, l'ancienne *Tacape*, a donné son nom au golfe de Gabès, la petite Syrte des anciens, *Syrtis minor*. Gabès est à quatre-vingts lieues de Tunis, et à deux de la mer et de son propre port. On trouve des sources chaudes dans la contrée environnante, qui est fiévreuse pendant l'été.

SFAX, port de mer et ville assez importante entourée de hautes murailles. Sur ses quinze ou vingt mille habitants quatre cents environ sont européens, et y sont fixés depuis la prise de Tripoli par les Turcs. Ils font le commerce des huiles, laines, cires, dattes, cumin, henné, coton, et objets manufacturés, tels que savons, burnous, couvertures de laine, nattes de jonc, et vaisselle de terre qui se fait à Djerbi. Sfax qui a plusieurs vice-consuls européens possède une église catholique-romaine. Les immenses jardins qui environnent cette ville, produisent en abondance des olives, des figues, des amandes, des pistaches, des raisins, des grenades, des poires, des pommes, des abricots et bien d'autres fruits, sans compter beaucoup de belles fleurs, parmi lesquelles il faut mentionner un jasmin très-odoriférant, dont on fabrique la fameuse essence de ce nom. — A Sfax et dans les îles Kerkéna (les *Circina* des Romains), on se livre à des pêches très-productives qui amènent une grande variété de poissons. — Dans les environs on remarque les ruines d'*Inchilla*.

EL-MAHADIA, l'ancienne *Africa* et l'*Aphrodisium* de Ptolémée, a un port qui passe pour l'un des meilleurs du royaume. Cette ville renferme de vastes ruines, ainsi que des citernes larges et profondes. — Près de Mahadia est le cap Africa. Cette localité qui faisait partie des possessions romaines, a donné son nom à la partie du monde dans laquelle elle est située. Au cap Dimas, à quelques lieues, on trouve des ruines nombreuses de villes romaines, de châteaux, de cirques, de citernes, etc.

El-Djemm est remarquable par son amphithéâtre, qui, dit sir Grenville Temple « est l'une des constructions les plus belles, les plus vastes et les plus parfaites des temps antiques. » On n'y remarque pas toute la pompe et la splendeur du Colisée; mais, sous les autres rapports, l'amphithéâtre d'El-Djemm ne le cède en rien à ce monument célèbre. L'amphithéâtre de Pola en Istrie, celui de Vérone ou celui d'Arles ne sauraient lui être comparés. Mais ce bel ouvrage, élevé par Gordien l'ancien, se dégrade chaque année, les indigènes en enlevant presque journellement quelques pierres pour des constructions. En outre, il y a un siècle environ, les Arabes de l'endroit s'étant révoltés contre le bey régnant et s'y étant retranchés, ils démolirent presque entièrement l'étage supérieur dont ils lancèrent les pierres sur les assiégeants. Les insurgés une fois soumis, le bey pourfendit l'amphithéâtre, c'est-à-dire, qu'il y fit brèche en en faisant sauter trois arches de hauteur, afin que ce monument ne pût plus servir en pareille occurrence. Cet édifice qui pouvait avoir cent pieds de haut avait quatre étages ou rangées d'arcades et de colonnes superposées, chaque étage ayant au moins soixante arches avec leurs piliers. Les colonnes sont d'un style composite, qui tient le milieu entre l'ordre dorique et l'ordre égyptien. Il paraît, d'après le dire des habitants du pays qu'un souterrain conduit d'El-Djemm jusqu'à Sfax qui en est éloignée de dix lieues environ.

El-Djemm était l'ancienne *Tysdrus* dont les restes couvrent une grande étendue de pays. On y trouve des ustensiles et des monnaies de toute espèce, des antiquités, des statues de marbre précieux, des sculptures et des bas-reliefs de toutes sortes.

Dans les environs de cette immense nécropole on trouve des ruines nombreuses à Caraga, à Elalia, à Lempta, à Sursaff, à Médugara.

Kairouan. C'est de l'an 647 après J. C. que cette ville date comme remarquable dans l'histoire. Les Arabes, sous le calife Omar, en ayant fait le siége d'un empire opulent, elle avait, quoique musulmane, et pendant les premiers siècles de l'hégire, conservé son caractère berbère.

Cette splendide capitale était le centre d'un immense trafic. C'est là que convergeaient les routes d'Egypte, du Maroc et de Tombouctou, et que les sultans du Kaïrouan tenaient leur cour avec une grande magnificence.

Cette ville, regardée comme sainte, est la troisième en rang après la Mecque à cause de l'un des disciples du Prophète, qui est enseveli dans sa magnifique mosquée aux cinq cents colonnes de granit et de marbre précieux, vert, rouge et jaune. L'entrée de cette cité est interdite aux Chrétiens et aux Juifs à moins d'un ordre exprès du bey. Actuellement elle est habitée par un personnage qui jouit de la réputation d'un grand saint: c'est un vieillard, nommé Sidi Hammouda Abèda, dont les miracles ont une grande renommée. En voici un qui mérite d'être cité:

Le saint déclara en 1855 que Sébastopol ne serait pris que lorsque deux canons qu'il envoyait au bey depuis Kaïrouan seraient arrivés devant la cité moscovite, ces deux canons sacrés devant produire un effet merveilleux et amener la chute de cette ville. Les canons une fois à Tunis, le bey envoya tout exprès à Constantinople un vaisseau pour les transporter. Le peuple entier des fidèles, dans toute la Régence et à Tunis en particulier, se réjouissait déjà par avance de la prise de Sébastopol qui allait infailliblement avoir lieu; on en calcula même la date d'après le jour où l'on présumait que les canons seraient parvenus à leur destination. — De Constantinople le sultan les expédia en Crimée, et, par une coïncidence frappante, Sébastopol fut réellement pris au moment même, pour ainsi dire, de l'arrivée des canons. Aussi la joie fut grande à Tunis lorsqu'on apprit cette nouvelle, prévue et impatiemment attendue par tous les fidèles sectateurs de l'Islam.

La végétation est peu considérable au Kaïrouan qui est entouré de grandes plaines dont quelques-unes sont couvertes de céréales. La ville est très-peuplée et fait un commerce actif avec Sfax et Souza. Il y a des fabriques de cuirs et de maroquins. On exporte pour Tunis des quantités considérables de goudron. — Les scorpions y abondent, tandis que dans d'autres cités voisines on n'en trouve point du tout, car il y a des localités où cet animal meurt presque aussitôt qu'il y arrive. — Ce pays manque de culture, mais les ruines que l'on retrouve partout, comme sur le littoral tout entier, prouvent le degré de splendeur et de richesse qu'il possédait sous l'empire de Rome et sous celui de Byzance.

Non loin du Kaïrouan on remarque TRUDSA, l'ancienne *Usalitanus*, près des ruines d'*Aquæ Regiæ*.

MONASTIR, ancienne colonie romaine à quatre lieues de Souza, a pris son nom d'un couvent d'Augustins qui était près de là. On y trouve des fabriques d'étoffes et de savon, et une quantité incroyable d'oliviers. Les paquebots anglais venant de Malte y relâchent quelquefois, pour déposer des passagers maltais qui vont à Sfax.

SOUZA, ville importante à trente-deux lieues S. E. de Tunis, est bâtie sur un rocher. Sa baie offre un bon ancrage, son port est excellent; ses habitants sont industrieux, commerçants, et d'une grande politesse pour les étrangers; ses environs bien cultivés abondent en pâturages, en céréales, en figuiers, mais surtout en bois d'oliviers immenses qui donnent une huile excellente. —Les vapeurs anglais y abordent.

Souza était autrefois une grande ville, on croit que c'est

l'*Adrumentum* des Romains, mais Marmol prétend que c'est la *Siagul* de Ptolémée. C'est devant cette ville que le prince Philibert de Savoie essuya une défaite.

Hammamet à vingt-cinq lieues S. E. de Tunis, possède un port dans le golfe du même nom.

Zahouan ou Zagwann, délicieuse ville mauresque admirablement située, entourée de bosquets, d'arbres magnifiques et de jardins arrosés par d'abondantes eaux courantes limpides et pures comme du cristal, où l'on trouve tous les arbres fruitiers de l'Europe et de l'Afrique, avec une végétation plutôt asiatique. Les habitants qui descendent en partie des Espagnols, sont fort doux et d'une grande beauté.

La porte d'entrée de la ville est romaine, et très-bien conservée, avec des inscriptions latines et des bas-reliefs. Depuis le sommet de la montagne de Zahouan la vue est d'une immense étendue: on aperçoit le golfe de Tunis et celui de Hammamet, on embrasse tout le pays qui s'étend depuis Carthage jusqu'à Souza, ainsi que les sept chaînes de montagnes qui se développent dans la direction du cap Bon, et les vastes plaines qui aboutissent au Kaïrouan. L'ascension des pics du Djébel-Zahouan, quoique difficile, est à la fois une course pleine d'intérêt et une vraie partie de plaisir.

Zahouan alimentait d'eau Carthage par ses sources magnifiques, au moyen d'un aqueduc long de vingt-cinq lieues environ, et qui est certainement l'une des œuvres les plus grandioses de l'antiquité. Des centaines d'arches gigantesques sont encore debout, disséminées sur ce long parcours; leur hauteur atteint parfois quatre-vingts pieds, et leurs colonnes peuvent avoir de seize à dix-huit pieds carrés. La source principale sortait de la montagne où l'on avait construit un temple magnifique, dédié à la Nymphe des eaux. Les arches y sont soutenues par une trentaine de colonnes corinthiennes de quinze pieds de haut. De grands bassins réunissaient les eaux, qui de là étaient dirigées dans les grands aqueducs aboutissant à Carthage. Cette admirable et gigantesque construction est attribuée à l'empereur Adrien.

Les ruines de Zunggar sont à quelques lieues de Zahouan, et se composent en particulier des restes d'un temple assez élevé.

Kelibia, l'ancienne *Galipia* ou *Aspis*, est un petit port de mer, à cinq lieues S. E. du cap Bon.

Entre Kelibia, Nebeul et Soliman, dans cette grande presqu'île qui s'avance dans la Méditerranée du côté de la Sicile et se termine au cap Bon (Rass Addar), se trouvent Menzel-temine, El Nakrela, Menzel-bou-Zalfa, Beni-Krallebb, Guorombalia, et d'autres petites villes de peu d'importance.

Soliman, au milieu d'une grande plaine entourée de montagnes, est un gros bourg mauresque avec cinq cents habitants : on cultive dans ses environs la canne à sucre.

Les eaux thermales de l'HAMMAN-LIF, ont une grande réputation, non-seulement chez les Tunisiens, mais encore dans plusieurs contrées de l'Europe méridionale.

Ces eaux fortifient le système nerveux, excitent la sortie des vapeurs, augmentent la transpiration et la salivation, assouplissent les intestins, détruisent les acides qui se trouvent dans le corps, et sont purgatives sans affaiblir. Leur vertu se manifeste surtout dans les maladies de l'estomac. Elles sont très-bonnes contre la mélancolie, l'hypocondrie, les palpitations de cœur, les obstructions, les sciatiques, les paralysies, la pierre, la gravelle, les éruptions cutanées, et l'affaiblissement de l'épine dorsale.

Elles se classent parmi les eaux salines, leur température élevée (60 degrés) et leur composition justifient pleinement leur emploi thérapeutique. Les dépôts de cette eau renferment du carbonate de chaux et de magnésie, mélangé de quelques traces de fer, ainsi que du sulfate de chaux; mais les sels solubles qui en restent dans l'eau après concentration, consistent en sulfate et en hydrochlorate à base de soude et de magnésie. — L'eau est limpide, incolore et inodore; sa saveur est fortement et franchement salée. Elle est exempte de matières organiques.

Les eaux de l'Hamman-Lif se prennent en bains et en boisson, mais suivant une règle, ascendante au commencement de la cure et descendante vers la fin.

L'Hamman-Lif est à trois fortes lieues à l'est de Tunis: on y voit un palais des beys, avec ses dépendances, formant un grand établissement de bains, situé près des ruines de thermes romains.

Les personnes qui vont prendre les bains, emmènent un cuisinier-domestique de Tunis, se munissent de certaines provisions, et louent sur place, comme habitation, de petites maisons moresques.

Les eaux de KORBS ou Gourbos, l'ancienne *Carpis*, sont situées à huit lieues de Tunis, d'où l'on peut s'y rendre par mer en trois heures. Ces eaux sont plus chaudes encore que celles de l'Hamman-Lif, mais moins salées; les indigènes y mêlent des décoctions d'herbes aromatiques qui croissent dans les environs. Elles sont très-efficaces, et surtout excellentes pour les maladies de l'épine dorsale.

On cite beaucoup de cures remarquables produites par les eaux de Korbs, comme par celles de l'Hamman-Lif.

CARTHAGE. Il serait impossible, en s'occupant de Tunis, de ne pas dire quelques mots de Carthage et de ses ruines, ne fût-ce que pour renvoyer aux ouvrages spéciaux qui parlent de la fameuse cité punique. Qu'il soit donc permis de mentionner les auteurs qui ont écrit sur Carthage: la nomenclature, quoique longue, est de toute justice.

Abou Obaïd Békri, qui décrit les citernes de Malka — d'Anville — Appien — Apulée — Aristote — Saint-Augustin — Baronius — Bélidor — Bart — Blaquière — Campomanes — l'architecte Catherwood — de Châteaubriand

— Clapperton — Pierre de Condetto — Diodore — Dion Cassius — Dureau de la Malle — Alexandre Dumas — Dusgate — Des fontaines — Ebn-Khaldoun — Edrisi — le Dr Estrup — Eusèbe — le chevalier Falbe, consul général de Danemark — le poète latin Félix — Florus — Mac-Gill — Guillaume de Nangis — Sir Grenville Temple — Heeren — Hendreich et Munter — Hérodien — Hérodote — l'ingénieur hollandais Humbert — Ibn-al-Ouardi — Ibn-Ayas — Jackson — Justin — Jean Léon l'Africain — Marmol de Grenade — Montoiche — Morcelli — Mannert — Noah, consul des Etats-Unis à Tunis — Optatus — Orose — Pline l'ancien — Plutarque — Polybe — Pomponius Méla — Procope — Prosper d'Aquitaine — Ptolémée — le voyageur anglais Purchas en 1613 — Peyssonnel — Quatremère — Quinte-Curce — Reimar — Charles Ritter — Dom Ruinard — Saint-Gervais, consul de France à Tunis en 1736 — Salluste — Salvien — Saumaise — le savant Shaw — Schweighaeuser — Silius Italicus — le capitaine Smith — Solin — Sosilius — Spartien — Stanley — Strabon — Suétone — Tacite — Tertullien — Tite-Live — Timée — Trogue-Pompée — Valère Maxime — Victor de Vite — Virgile — Vitruve — l'écrivain arabe Yakouti — etc.

On comprendra, après cette longue nomenclature, qui même est loin d'être complète, qu'il n'est pas possible de revenir sur ce sujet, excepté en ce qui concerne des fouilles toutes récentes.

Onze siècles ont passé sur les ruines de Carthage, et, pendant ces onze siècles, les débris de ses murs et de ses édifices, transportés souvent à des distances immenses, ont servi à construire d'autres villes et d'autres monuments.

Quoique le sol de Carthage n'offre aucun édifice entier hors de terre, et pas une colonne debout, le terrain est jonché des marbres les plus précieux qui provenaient des carrières de la Grèce et de l'Italie.

Les exagérations d'Orose et de Cicéron ne sont plus accréditées: ils prétendent que la ville fut détruite de fond en comble, et ses murs réduits en poussière. Des orateurs ont même représenté les ruines de Carthage comme ayant péri.

Sans doute l'on ne retrouve pas debout des cirques, des théâtres, des temples, ou autres grands monuments; mais dès que l'on fouille la terre, on découvre des richesses d'antiquités de toute espèce.

Les bords de la mer sont jonchés de colonnes de marbres de diverses couleurs, ayant cinq ou six mètres de long; les vagues apportent à chaque instant des débris de mosaïques, en lapis-lazuli, jaspe, opale, vert antique, rouge antique, jais, porphyre antique, feldspath vert, etc; souvent l'on découvre jusqu'à trois grandes mosaïques, appartenant probablement à trois époques différentes, superposées l'une sur l'autre, et distancées par un demi-mètre ou trois quarts de mètre, espace qui est rempli de terre végétale, de pierres, de sable, et de débris.

Les citernes de Carthage forment un square oblong de 450 pieds de long, sur environ 120 de large. Il y en a 18 qui ont chacune près de 100 pieds de longueur, sur 20 de largeur et 30 de hauteur.

Sir Grenville Temple qui voyagea dans la Régence pendant les années 1832 et 1833, et un Danois, le chevalier Falbe, qui séjourna pendant onze ans à Tunis comme consul général de Danemark, ont publié un plan topographique du terrain et des ruines de Carthage, avec un volume de recherches sur la position exacte de la ville punique et de ses monuments.

En 1837, il se forma à Paris une Société ayant pour but l'exploration des ruines de Carthage. Parmi ses membres se trouvaient Mr Dureau de la Malle, le comte de Pourtalès, le chevalier Falbe, sir Grenville Temple, le prince de la Cisterna, les ducs de Luynes et de Caraman, MM. Jomard, Raoul Rochette, le comte d'Harcourt, etc.

Malheureusement cette société qui envoya sur place et comme délégués MM. Falbe et Temple, ne publia qu'un premier volume, et discontinua ses recherches après peu de temps.

Le Bey accorde facilement des permissions aux personnes qui désirent explorer Carthage.

Un Anglais, M. Davis, qui est fixé avec sa famille dans un charmant cottage bâti sur les ruines mêmes de Carthage, se livre à des fouilles très-actives, et envoie de belles et nombreuses mosaïques au *British Museum* à Londres.

Au printemps de 1857 il a trouvé, en fait de mosaïques : deux magnifiques têtes qu'on présume être celles de Junon et de Cérès, ayant chacune plus de trois pieds de hauteur; les bords de ces gigantesques mosaïques sont encore ornés de pyramides de peupliers; quatre prêtresses de grandeur naturelle, vêtues à la grecque, munies d'instruments se rattachant au culte d'Isis, castagnettes, cistrum, et portant des vases contenant des fruits; plusieurs gracieuses figures orientales, de quatre à cinq pieds de haut; un vase de douze pieds; de charmants paniers de tulipes aux couleurs vives et éclatantes; d'autres paniers chargés de fleurs de toutes espèces; des corbeilles de poissons de toutes les variétés imaginables; une inscription punique avec des sujets allégoriques, des Victoires et des Renommées; un buste gigantesque, qu'on pense être celui de la divinité protectrice de Carthage, la déesse Cœlestis, l'Astaroth des Phéniciens ou l'Astarté des Romains; enfin une grande quantité d'ornements fort élégants, d'une beauté égale aux plus splendides spécimens de l'art qui aient été admirés jusqu'à présent.

On a aussi trouvé des statues, en marbre blanc, d'une grande perfection, et plus anciennement une énorme tête d'homme, de quatre ou cinq pieds de haut, que la Légation de France envoya à Paris. D'autres fragments de statues gigantesques ont été découverts par les habitants du pays; on présume qu'elles représentaient Bahal, le dieu des Phéniciens et des Assyriens, qui était aussi adoré par les Carthaginois.

RELIGION ET LITTÉRATURE.

ANNÉE MUSULMANE.

Le musulman de Tunis est, en général, fidèle sectateur de l'Islam. Il observe exactement les cinq choses qui constituent pour lui le culte : la prière, le jeûne, l'aumône, le pèlerinage à la Mecque, et la profession de foi.

Le Koran qui renferme à la fois des préceptes religieux, moraux, civils et politiques, consacre l'idée de la Divinité dans toutes les actions et dans toutes les circonstances de la vie. Ce retour continuel vers Dieu n'est pas toujours formaliste: dans les circonstances solennelles il a quelque chose de profond, de pénétré et de touchant. — Jamais un musulman n'entreprend un voyage, une course, une chasse, sans prononcer ces mots: « Bessem Allah » ou « Bismillah » au nom de Dieu; jamais il ne commence un livre, un écrit, une chronique, ou un contrat sans le mettre sous l'invocation de Dieu. Il offre l'hospitalité au nom d'Allah, et jamais il ne procède à un acte quelconque sans que ce soit au nom de Dieu. Jamais aussi, lorsqu'il parle de projets et d'avenir, ou même lorsqu'il prononce une simple phrase se rapportant au lendemain ou aux jours qui doivent suivre, il n'oublie de dire: « En châ Allah » s'il plaît à Dieu, conformément à cette prescription du Koran: « Ne dis ja-« mais, je ferai telle chose demain, sans ajouter: si c'est « la volonté de Dieu. » (Chapitre ou sourate La Caverne v. 23.)

Le musulman porte si loin le respect pour le nom de l'Eternel que, lors même qu'il ne sait pas lire, s'il trouve sur son chemin un papier quelconque sur lequel sont tracés des caractères, il le relève dans la crainte que le mot « Allah » n'y soit inscrit; et il le place aussitôt soit sur un arbre, soit dans les interstices des pierres, des murs ou des maisons, le nom de l'Eternel ne devant jamais être foulé aux pieds.

Tout ce qui est écriture commence par une doxologie, telle que celles-ci :

Louange à Dieu « El hamdoullah ».

Toutes les affaires reviennent à Dieu.

Au nom du Dieu clément et miséricordieux « Bismillah errahmani errahìmi ».

Les auteurs musulmans ouvrent et finissent leurs ouvrages par des doxologies, quelquefois très-belles. En voici un exemple, c'est la préface du livre d'un savant tunisien, fort distingué, qui vivait au milieu du XVIIIe siècle :

« Le pauvre vis-à-vis de son Dieu bienfaisant et géné-« reux, Mohammed-ben-Hussein-Beïrem (que Dieu lui soit « propice, lui permette de reconnaître lui-même ses pro-« pres défauts, et le guide dans le droit sentier!) s'exprime « ainsi : Qu'il soit glorifié Celui qui a fait surgir les sour-

« ces de la sagesse de l'intelligence de l'homme, et qui a « fait découler du fleuve de sa science les divers cours « d'eau des beaux-arts! — Nous Le louons, que sa Gloire « et son Omnipotence soient toujours exaltées! parce qu'Il « a daigné nous accorder la faculté de comprendre le lan- « gage des hommes versés dans la science, et qu'Il nous a « Lui-même permis de nous initier au but que ces doc- « teurs se proposaient, etc. »

Un autre écrivain tunisien qui vivait en l'an de l'hégire 1194 (1778), Abd-el-Ouahed-ben-Achir-el-Andloussi, termine ainsi un livre intitulé « Kaouahed Eddine » Etablissement de la Religion. La traduction est littérale:

« De la part du pauvre envers son Dieu et son Auteur, « l'espérant en la miséricorde de son Maître, le misérable « d'esprit divin, le coupable de ses fautes, l'aveugle de la « lumière divine, Abd-el-Ouahed-ben-Achir-el-Andloussi, « que Dieu le place parmi les cœurs qui l'ont suivi fidèle- « ment, et auxquels Il accorda la grâce de pouvoir com- « prendre la vérité, et de l'adorer avec joie et avec crainte! « Ainsi soit-il! »

Bien des Ariens et des Sociniens dont la religion a tant d'analogie avec l'Islam, ne parleraient peut-être pas avec autant de liberté des miséricordes du Seigneur, ou ne déploreraient pas leurs fautes et leurs péchés avec autant d'humilité.

Lorsqu'un musulman est dans le chagrin, il s'écrie:

« Louange à toi, ô Dieu! malgré mes peines, je suis bien heureux d'être résigné à ta volonté. » — Lorsqu'il est en colère il s'écrie: « Que Satan se retire de moi! » et quand il est dans l'admiration, comme il rapporte toujours tout à Dieu: « O Dieu! combien tu es digne de louange! »

Toutes les fois qu'un grand malheur lui arrive, il dit avec calme et résignation: « Nous sommes à Dieu, et nous retournons à Dieu » paroles que le Koran met dans la bouche de tous ceux qu'un malheur atteint (Sourate La Vache v. 151).

De même qu'il n'y a pas de bonheur possible sur cette terre sans une consécration sincère et entière à Dieu, de même aussi ce constant retour vers la Divinité témoigne de la parfaite soumission et confiance du musulman aux souverains décrets de la Providence.

Veut-il remercier quelqu'un, il lui dit: Que Dieu augmente ton bien « Allah ikéter kèrek »; ou s'il veut saluer quelqu'un qui vient de boire, il n'oublie pas de lui dire: Que Dieu te donne la santé « Allah iâtik sahâ » ou simplement « sâha ». Et aussitôt on lui répond sous forme de remerciement: Dieu te sauve « Allah isselmek » ou simplement et par abréviation « selmek ».

La caisse de secours pour les pauvres se nomme « réserve de Dieu ».

Il arrive parfois que, lorsque deux personnes se rencontrent, le dialogue suivant ou à peu près s'établit entre elles:

La première: Que le salut soit sur vous!

La seconde: Que le salut, la miséricorde et les bénédictions de Dieu vous soient accordées!

La première: Que votre jour soit heureux!

La seconde: Que votre jour soit béni!

La première: Que Dieu vous chérisse!

La seconde: Que Dieu vous accorde sa gloire!

La première: Que Dieu vous donne sa paix!

La seconde: Que Dieu fasse reposer sa grâce sur vous!

Ou bien ce sont encore des phrases dans le genre de celles-ci, à l'occasion d'une visite par exemple:

Soyez le bien-venu! « ahlân ou sahlân » mot à mot, famille et aisance.

Que Dieu laisse son ombre sur toi!

Comment est votre état moral?

Que Dieu soit toujours avec nous!

La bénédiction nous visite par vous!

Combien est douce votre présence!

Que ton jour soit comme du lait!

Le Koran reconnaît la chute de l'homme, la haine implacable de Satan contre l'homme qui est séduit par lui, et son inimitié perpétuelle contre le genre humain; l'existence des anges et des démons; le péché d'Adam; les histoires d'Abel; de Noé; d'Abraham, l'hospitalier, l'ami de Dieu, le musulman par excellence; de Jacob, de Josué, de Joseph, de Job; de Moïse (Moussa), et l'alliance de Sinaï; l'histoire de David qu'il appelle le « Lieutenant de Dieu sur la terre », et de Salomon auquel, dit-il, les génies étaient assujettis.

Au sujet de Zacharie auquel les anges annoncent la naissance de Jean (Jahia), le Koran dit que ce dernier confirmera la vérité du Verbe de Dieu; qu'il sera grand, chaste, et un prophète du nombre des justes (Sourate La Famille d'Imram v. 34). — Il reconnaît la virginité de Marie, mère de Jésus, qu'il nomme fille d'Imram, « élue entre toutes les femmes de l'univers! » Il raconte la naissance miraculeuse de Jésus qu'il appelle le Verbe éternel et un esprit venant de Dieu (Sourate Les Femmes v. 169); il reconnaît son pouvoir de faire des miracles et sa mission divine. Il dit expressément: « Ceux-là seuls feront partie de la fa- « mille du Livre qui croiront en lui avant leur mort...» Et il ajoute: « Le Messie Jésus, fils de Marie, est l'envoyé de « Dieu » (Même sourate v. 157 et 169).

L'Antichrist, selon les musulmans, doit apparaître en Syrie et être détruit par Jésus lui-même.

Le Koran se donne comme une « confirmation de ce qui « était avant lui, et une explication des Ecritures qui vien- « nent du Maître de l'univers » (Sourate Jonas v. 38). — Il cite comme divins le Pentateuque ou Thorah, les Psaumes ou Zabour, et l'Evangile ou Endjîl. — Les autres livres envoyés aux prophètes de l'ancienne Alliance ont été, selon le Koran, perdus ou altérés. « L'Evangile, dit-il, contient la « lumière et la direction, il confirme la Thorah, et sert « d'admonition à ceux qui craignent Dieu. Les gens de « l'Evangile jugeront selon l'Evangile. Ceux qui ne juge- « ront pas d'après un livre de Dieu sont infidèles » (Sourate La Table v. 50 et 51). L'Evangile est appelé « le livre qui éclaire » (Sourate La Famille d'Imram, v. 181).

Avant Mohammed les peuples de l'Arabie étaient livrés aux plus grossières superstitions et aux idolâtries les plus immondes. Ils tuaient leurs enfants dans les temps de disette, enterraient vivantes leurs filles nouvellement nées, parce qu'ils regardaient leur naissance comme un malheur, et ils vivaient dans un horrible état de débauche.

On sait que le Koran contient aussi toutes sortes de préceptes, de directions et d'exhortations qui se rapportent aux choses habituelles et journalières de la vie; il est également un code et un recueil de lois. — Il est rempli de promesses et de menaces relatives à la vie future, de récits, de traditions arabes; parfois il dit quelques mots des premiers siècles du christianisme.

Le musulman reçoit le Koran comme la parole de Dieu révélée à Mohammed, et transmise par sa bouche au peuple arabe. En citant un passage du Koran il ne dit jamais « Mohammed l'a dit » mais « Dieu le Très-Haut l'a dit. » — Le mot Koran veut dire lecture, livre, le livre par excellence, le livre de Dieu. « La religion venant de Dieu est l'Islam » dit le Koran. — On est frappé de voir combien est grand le respect des musulmans pour ce Livre et tout ce qu'il renferme. Un marchand ou un ouvrier maure ne voudra pas, par exemple, graver en lettres d'or, sur velours, un passage du Koran, si avec ce velours vous voulez faire un objet de pure curiosité ou de fantaisie, une parure, un porte-cigares, un étui.

Le Koran défend l'usage des boissons fermentées, des animaux morts, de la chair de porc, du sang qui a coulé, et de tout ce qui a été tué sous l'invocation d'un autre nom que celui d'Allah.

Il renferme cent quatorze chapitres ou sourates, rangées sans autre ordre méthodique que celui de la longueur des chapitres, à partir du second qui est le plus long et qui a deux cent quatre-vingt-six versets; le dernier n'en a que six.

Dans la Sourate Hedjr, v. 87, il est parlé des « sept versets qui doivent être répétés constamment. » Ce sont ceux qui ouvrent le Koran, et en forment le premier chapitre: ils sont nommés « *El Fâthà* » l'ouverture, l'introduction. Voici ces versets:

* * *

بسم الله الرحمن الرحيم

الحمد لله رب العالمين * الرحمن
الرحيم * مالك يوم الدين * اياك
نعبد واياك نستعين * اهدنا الصراط
المستقيم * صراط الدين انعمت عليهم
* غير المضغوب عليهم ولا الضالين
امين

*

Bismi-llahi-rrahmani-rrahîmi.

Elhamdou lillahi rabbi-llàlamîna — Rahmani-rrahîmi — Mâliki iaum-eddine — Eiiâka nàboudo oueiiâka nastàïno — Ehdinâ-ssirâta-lmostakîma — Sirâta-lledine ânàmta àleïhime — Rheïr elmàrdoubi àleïhime oualâ-ddâline — Amine.

Au nom d'Allah, Compatissant et Miséricordieux.

Gloire à Allah, Maître de l'Univers, — Compatissant et Miséricordieux, — Roi du jour du jugement. — C'est Toi que nous servons, ô Dieu, c'est à Toi que nous avons recours. — Dirige-nous dans le sentier de ceux qui se tiennent ferme, — Dans le sentier de ceux que Tu as comblés de tes bienfaits, — Qui n'ont point encouru ta colère, et qui ne s'égarent point. — Amen.

Par la désignation « ceux que Tu as comblés de tes bienfaits » il faut entendre les prophètes et les envoyés de Dieu.

La *Fâthà* ou *El Fâtiha* se prononce en cadence, sur une certaine cantilène, avant toutes les prières, en liant et en accentuant les mots et les versets. Elle sert elle-même de prière, et elle est en très-grande vénération parmi les musulmans. On la termine par le mot « *Amine* »; c'est un usage fondé sur ces paroles de Mohammed : « Gabriel m'a appris à dire Amen chaque fois que j'avais achevé de réciter la *Fâtha.* » — Les trois dernières sourates du Koran qui sont très-courtes, se répètent aussi sous forme de prières.

L'iman (évêque) est le chef religieux de la mosquée.

Les ulémas sont les docteurs en théologie.

Le marabout (religieux) est spécialement voué à l'observance des préceptes du Koran: c'est un personnage de prières, chargé de conserver dans son intégrité la foi musulmane.

Le muezzine est attaché à la mosquée: il est chargé de monter, cinq fois dans les vingt-quatre heures, au sommet du minaret pour appeler de là le peuple à la prière. Chaque fois il fait entendre ces paroles solennelles qui retentissent dans les rues, quoique adoucies par la hauteur de laquelle elles sont prononcées:

الله اكبار اياوا على الصلاة على الفلاح

Allah ekbâr. Aïiaou àla essalat. Aïiaou àlaelfalah.

« Dieu est grand! – Oh! Venez à la prière. — Oh! Venez à l'adoration. »

Il les répète par trois fois en se portant d'une face du minaret à une autre, et les termine par cette phrase:

لا الله الا الله ومحمد رسول الله

Lâ Allah illâ Allah ou Mohammed ressoul Allah.

« Il n'y a pas d'autre Dieu qu'Allah, et Mohammed est l'envoyé d'Allah. »

Ce cri psalmodié du muezzine est partout le même, dans toutes les contrées où règne l'islamisme.

Le thaleb est le savant qui, instruit à l'école des marabouts, devient maître d'école; s'il est dans l'aisance et qu'il ne professe pas, il est entouré à peu près de la même considération dont jouissent en Europe les professeurs, les docteurs et les hommes de lettres. — Il y a, à Tunis, plus de soixante-dix écoles primaires, où les tolbas enseignent à lire et à écrire aux enfants, et leur font apprendre quelques fragments du Koran, le tout moyennant une très-légère rétribution.

Les Zaouïas sont des établissements religieux ayant pour principaux buts la prière, la bienfaisance, et l'instruction. Dans ces Zaouïas non-seulement on étudie et on explique le Koran, mais on enseigne l'arithmétique, la géométrie, l'astronomie, les sciences, les lettres et le droit musulman. — L'une des Zaouïas les plus fameuses est celle de Sidi-Mohammed-Saïd-ben-Aly-Chérif, à Akbou, dans la grande Kabylie du Djurjura. Ben-Aly-Chérif est un fort aimable jeune homme, un vrai gentleman qui joint à la noblesse de son origine, comme descendant du prophète, beaucoup d'instruction, d'intelligence, et une vivacité d'esprit remarquable. Il est le gendre de Bou-Accas, le chef de la petite Kabylie. — On se rend dans la Zaouïa d'Akbou, de Tunis, de Tripoli et même d'Egypte.

Les derviches et les santons sont des espèces de moines, savants sur le Koran, et qui vivent de la charité des fidèles. C'est plutôt en Turquie qu'on les rencontre.

Le mollah est, chez les Turcs, le chef de la mosquée : il remplit aussi les fonctions du muezzine.

Le chérif et l'émir sont des chefs de la noblesse religieuse et guerrière; la plupart se donnent pour des descendants du Prophète.

On sait que les sectateurs de l'Islam se divisent en deux

grandes sectes: les Sunnites ou musulmans orthodoxes, et les Chiites. — Les Sunnites admettent, outre le Koran, l'autorité d'une tradition ou Sunna, contenant avec des explications sur la vie et la conduite du prophète quelques milliers de *hadits*, soit sentences de Mohammed, recueillies comme préceptes de sagesse par les premiers disciples du prophète: on en doit, par exemple, environ quatre mille à El-Boukhari, appelé pour cela le roi de la Sunna. – Les Chiites, ou sectateurs d'Aly, s'en tiennent au Koran, ne reconnaissent point comme successeurs du prophète les califes électifs, et repoussent les traditions.

Les Sunnites dominent dans l'Empire ottoman, l'Egypte, le Mogreb, etc. Les Persans sont Chiites.

Parmi les Sunnites on distingue quatre sectes principales. Il y a les Malékis, du rite de l'iman Malek; les Anéfis, de celui de l'iman Ebou-el-Naaman; les Chafaïs, de celui de l'iman Chafaâ; et les Hambillis, de celui de l'iman Ahmed-ben-Hambil. Il n'y a guère de différence entre eux que dans des points de forme, tels que la position dans la prière, les ablutions, les traditions, etc. Les Hambillis sont les plus rigoristes: ainsi ils doivent recommencer leurs ablutions et leurs prières, si une femme ou un chien seulement vient à passer, cette vue, selon le rite hambilli, ayant troublé le culte. Les Chafaïs et les Anéfis ne sont pas soumis aux mêmes scrupules quant à ces points du culte, et les Malékis le sont encore moins. Ces quatre sectes se nomment Medzaeb.

Le Mogreb renferme des Anéfis et des Malékis: ces derniers sont en majorité à Tunis, Tripoli, Alger, l'Egypte, le Maroc; les Anéfis dominent en Turquie et jusqu'en Perse. Les Hambillis se rencontrent à la Mecque et dans une partie de l'Asie, on n'en voit que fort peu au Caire.

A Djerbi et dans quelques-unes des montagnes de la Régence on trouve une cinquième secte, regardée comme schismatique, ce sont les Khamsis.

Quant au Koran, qui est d'ailleurs le chef-d'œuvre de la langue, il ne doit être traduit ni en kabyle, ni en turc, ni en persan, et encore moins en d'autres langues; mais tout ce qui a rapport au culte dans les pays où règne l'islamisme, doit se traiter en arabe.

Parmi les hommes remarquables que Tunis a produits comme écrivains, il faut citer :

El-Hadj-Hammouda-ben-Abd-Ellaziz, historien chroniqueur qui était secrétaire particulier d'Aly-Bey, et qui écrivit vers l'an 1160 de l'hégire (1772). On a de lui une chronique de Tunis très-estimée, et une histoire du gouvernement d'Aly-Bey.

Mohammed-ben-Hussein-Beïrem, savant distingué, écrivain, médecin, etc. qui vivait sous le règne de Mohammed, fils d'Hussein-ben-Aly (1756-1759).

Khalifa-ben-el-Cayed-Mansour-el-Mascherat, poète tunisien, du temps d'Aly-Bey.

El-Baji, chroniqueur renommé.

Abd-el-Ouahed-ben-Achir-el-Andloussi, historien et théologien, qui vivait sous les règnes d'Aly-Bey et de Hammouda-Pacha.

Tijani, Magdich, et d'autres encore, sont des chroniqueurs plus ou moins célèbres.

L'arabe est une langue extrêmement difficile. Les différences entre l'arabe savant et l'arabe vulgaire; la grande variété des mots pour peindre certaines idées, comme chameau, épée, lion, etc.; l'élégante multiplicité des formes verbales; les variantes des lettres et des caractères neskis, mogrébins, etc.; et les embellissements de l'écriture dans les manuscrits, ainsi que les abréviations, et le retranchement de la plupart des voyelles, tout cela augmente et complique considérablement les difficultés de cette langue.

Les dialectes et la prononciation varient entre les divers Etats du Nord de l'Afrique. — Un même mot s'y écrit et s'y prononce quelquefois tout différemment, ainsi: barbier se dit *haggem* à Tunis, *hassan* à Tripoli, *haffef* en Algérie, et *nekadmoudjouf* en Kabylie (littéralement coupeur de poils).

Le kabyle ou berbère qui paraît être l'ancien punique, lequel tenait beaucoup de l'hébreu, est une langue ayant grammaire et dictionnaire. Dans les montagnes de la Régence et à Djerbi on parle le kabyle.

On connaît le goût et l'habileté des Maures et des Arabes pour les contes, les récits et les proverbes.

Parmi les proverbes particuliers à Tunis, et encore inédits, il vaut la peine de faire un choix et d'en citer quelques-uns:

فرد فارش ما يخلى غبرة

« Un seul cavalier ne fait pas de poussière, » signifie que le travail d'un seul homme ne peut pas être bien considérable.

« Une savate raccommodée vaut mieux qu'une barbe abandonnée, » signifie qu'une femme a parfois plus de valeur qu'un homme.

« Que te manque-t-il, ô homme nul? une bague en diamants! » signifie: Si vous êtes riche, les sots vous accorderont une grande considération.

« Il ne peut payer son barbier pour une simple barbe, et il cherche des témoins pour la cérémonie de ses fiançailles, » s'applique à un homme ruiné qui cherche à faire de grandes affaires.

« Il cherche son fils qu'il porte sur ses épaules, » se dit d'un distrait.

« Il est venu pour embrasser sa femme, et il lui a crevé les yeux, » signifie: On fait souvent plus de mal que de bien avec de bonnes intentions.

« Il a ôté à sa barbe pour ajouter à sa chambre, » se dit de quelqu'un qui ne tient pas sa parole, ou qui sacrifie l'honneur à l'apparence.

« La forêt n'est brûlée que par ses propres arbres. »

« S'il tient sa bouche fermée, les mouches n'y entreront pas. » Ce proverbe recommande la discrétion.

« Il est venu t'aider pour creuser la tombe de ton père, et il s'est enfui avec ta pioche, » signifie: Défiez-vous de ceux dont les offres de service sont intéressées.

« J'embrasserais plutôt les boutons de son habit que ses voisins, » signifie: Allez droit au but.

« Le pied va où le cœur le mène. »

« Soyez lion, et mangez-moi, mais ne soyez pas loup pour me salir. »

« Chaque espèce est bonne pour son espèce. »

« Si l'on appelle l'âne à la noce, c'est pour porter du bois. »

« Travaille pour ta réputation jusqu'à ce qu'elle ait un nom, puis elle travaillera pour toi. »

« La parole en son temps est permise. »

« Sa fortune a passé en paille et en clous, » désigne un prodigue.

« Il est allé à la mer et l'a trouvée sèche, » signifie que celui qui marche sans courage ferait bien de retourner en arrière, car il échouera dans ses entreprises.

« Ce que les sauterelles avaient laissé, les petits oiseaux l'ont mangé, » signifie: Un malheur n'arrive presque jamais seul.

« C'est le crieur même qui a perdu son âne, » signifie que souvent on ne sait pas faire pour soi-même ce qu'on a fait pour les autres.

« Il n'a pas de pain à manger, et il cherche une épouse, » signifie: Ne soyez pas trop ambitieux, lorsque vous n'avez que de petits moyens.

« Il mange les fruits du jardin paternel, et il insulte ses ancêtres, » signifie: Ne soyez pas ingrat.

« Celle à qui la fortune manque, dit que son mari est ensorcelé. »

« Dieu a créé et a distingué. »

« Trop bouillir fait sécher la marmite, » signifie: Trop parler fait tomber dans le mensonge.

« Si quelqu'un te dit: Allons faire les Chérifs, réponds-lui: Attendez que les vieux Juifs du quartier d'El-Ara qui vous connaissent soient morts, » signifie: Ne prétendez pas vous faire passer pour ce que vous n'êtes pas.

« Le Marocain a ses paroles en sa bouche, mais le Tunisien a besoin de demander conseil à sa mère, » signifie: Répondre sans hésiter n'est pas toujours le meilleur.

« Toi qui es si beau au dehors, comment es-tu au dedans? » signifie: Ne vous fiez pas à l'apparence.

« S'il y avait quelque chose de bon dans le corbeau, les chasseurs ne le laisseraient pas. »

« La malédiction des gens malhonnêtes ne ruinera pas le bâtiment. »

« Le chameau ne voit pas ses défauts, » est l'équivalent de: On se voit d'un autre œil qu'on ne voit son prochain.

« La ville est éloignée, toutefois la nouvelle arrive, » signifie: Ne pensez pas qu'un secret demeure toujours caché.

« Au moment que j'avais besoin de toi, ô ma figure! le chat t'a égratignée, » signifie qu'on ne trouve pas toujours des amis, quand on en a besoin.

« Aime-moi comme ton frère, et fais mes comptes comme tu les fais à ton ennemi, » est l'équivalent de: Les bons comptes font les bons amis.

« Recevoir l'aspre du malheureux est une injustice, » signifie: L'excès du droit est une grande injustice.

« La mode tunisienne ne dure que du matin au soir, » signifie que la mode à Tunis change fréquemment.

« Pendant le jour il se promène dans sa chambre, et la nuit il brûle de l'huile, » signifie: N'agissez pas en sens inverse de ce que font les autres, ou à rebours du bon sens.

« Beaucoup d'états, et la fortune perdue, » s'applique à un inconstant, et semble correspondre à: Pierre qui roule n'amasse pas mousse.

« Pendant qu'il pleurait son *Messaoud* (son Benjamin), sa mule vint à se perdre, » signifie qu'un malheur arrive rarement seul.

« Tu m'aimes tant, que tu en as même oublié mon nom, »

من كثرة محبتك في حتى نسيت اسمي

s'applique à une amitié qui n'était qu'intéressée.

Les populations du Nord de l'Afrique sont riches en proverbes. Il n'a été mentionné ici que quelques-uns de ceux qui, encore inédits, sont usités à Tunis.

L'ANNÉE MUSULMANE a douze mois: mais, étant une année lunaire, elle n'a que trois cent cinquante-quatre jours, et par conséquent elle recommence onze jours plus tôt qu'une année solaire. Sa durée exacte étant de 354 jours 8 heures 48 minutes, cet excédant d'heures et de minutes produit, au bout de trente ans, onze jours, qu'il a fallu répartir dans le cours du cycle sur onze années: le jour intercalaire devient alors le trentième du dernier mois. — L'année 1857 correspond à la fin de l'année de l'hégire 1273 et au commencement de 1274, l'année 1273 ayant commencé avec Août 1856.

Ce nom d'hégire, *hedjra*, émigration, a été donné à l'ère musulmane par le calife Omar. L'année lunaire de douze mois fut alors substituée à l'année des anciens Arabes, qui mettaient d'accord leur année lunaire avec l'année solaire en ajoutant tous les trois ans un mois intercalaire: cette année du *Naci* avait donc treize lunaisons, mais « aux yeux d'Allah le nombre des mois est de douze, » a dit Mohammed.

Ces mois sont:

1	Moharem qui a . . .	30 jours.
2	Safar	29 »
3	Rabi-el-ewel.	30 »
4	Rabi-el-tani	29 »
5	Joumad-el-ewel . . .	30 »
6	Joumad-el-tani. . . .	29 »
7	Redgeb	30 »
8	Chaban	29 »

9 Ramdam qui a . . . 30 jours.
10 Schavol . . . . 29 »
11 Kado . . . . 30 »
12 Hadja . . . . 29 jours dans les années ordinaires, et 30 dans les années embolismiques ou intercalaires.

Le premier jour de l'année musulmane est le premier de Moharem ou mois sacré, ainsi nommé parce qu'il était défendu jadis d'entreprendre pendant sa durée aucune expédition guerrière. Ce jour est variable à cause des onze jours de moins de l'année musulmane, relativement à l'année solaire. Le dixième jour de ce mois, nommé achourâ, de achra (dix), est un jour de solennité religieuse, comme anniversaire de la mort de Hussein, fils d'Aly, l'an 61 de l'hégire. Le zèle des musulmans se manifeste plus particulièrement pendant le cours de Moharem.

Quoique la signification du mot Safar, qui est le nom du second mois, soit départ ou solitude, parce qu'autrefois beaucoup d'habitants de la Mecque quittaient alors cette ville pour aller passer l'été à Tayf, les Arabes évitent soigneusement d'entreprendre un voyage de terre ou de mer pendant toute sa durée, car ils prétendent que ceux qui partent dans ce mois ne reviennent pas.

Rabi-el-ewel signifie printemps premier, et Rabi-el-tani, printemps second: toutefois ces mois étant variables quant à l'époque où ils tombent dans l'année solaire, ils arrivent tantôt au milieu des chaleurs étouffantes de l'été et tantôt au cœur d'un hiver rigoureux, de même que les mois de

Joumadi-el-ewel et Joumadi-el-tani, premier et second mois de la gelée.

Le douzième jour de Rabi-el-ewel s'appelle Mouled (naissance), en mémoire de l'anniversaire de la naissance de Mohammed : il est célébré comme une grande fête dans tout l'Islam. L'usage veut qu'on mange ce jour-là une bouillie réduite à la consistance d'une pâte, arrosée de miel et de beurre fondus ensemble.

Pendant les mois de Redgeb ou vénérable, et de Chaban, dispersion, qui précèdent le Ramadan, les stricts musulmans s'abstiennent non-seulement de boire du vin, mais se livrent déjà à des pratiques de dévotion et à une espèce de jeûne. — Cependant l'avant-dernier jour du mois de Chabàn qui est appelé Guerch, il est d'usage de se régaler de toutes sortes de viandes et de friandises.

Le mois de Ramdam ou Ramadan (c'est-à-dire brûlant) est de trente jours, pendant lesquels tous les musulmans observent un jeûne aussi pénible que rigoureux. Leur abstinence commence, lorsque après le mois de Chaban paraît la lune nouvelle, au premier jour de Ramadan, et à partir du moment où l'on peut distinguer un fil blanc d'un fil noir. Le jeûne dure chaque jour jusqu'au coucher du soleil, mais la nuit les musulmans peuvent sans scrupule se livrer aux plaisirs. Sont exceptés d'ailleurs de jeûner les vieillards infirmes, les femmes enceintes, en couche ou qui sont nourrices, les enfants en bas âge, les gens gravement malades, et les fous.

Le jeûne est rompu cinq minutes après le coucher du soleil, au moment où les mueddines, du haut des minarets, font retentir les airs de leurs appels à la prière. Aussitôt chaque personne fait mentalement cette prière: « O Dieu! j'ai observé le jeûne pour t'obéir, et je le romps en te rendant grâce pour les biens que tu me donnes. Pardonne-moi mes fautes passées et futures. » Ce moment est impatiemment attendu, surtout lorsque le Ramadan est arrivé au milieu des chaleurs de l'été, que la privation d'eau peut rendre excessivement pénibles.

On commence le soir, chaque jour de Ramadan, par se rincer la bouche et par prendre quelques gorgées d'eau; on boit du café, on mange des choses légères, des douceurs; et enfin l'on prend un repas, où les personnes aisées étalent avec profusion sur leurs tables tout ce que la saison et le pays produisent de plus délicat. La soirée et la plus grande partie de la nuit se passe à fumer, à jouer aux échecs, aux dames, au trictrac, aux cartes, ou à faire une promenade dans les rues.

Tunis est alors éclairé de mille fanaux et lanternes aux verres de couleur, dont l'effet est fantastique au milieu de cette population orientale. Çà et là on voit des joueurs d'instruments, des cafés chantants, des marionnettes, des marchands ambulants vendant des sucreries et autres friandises. Ces divertissements finissent à une heure et demie du matin en été, et à quatre heures en hiver, au moment où un homme, ayant en main une espèce de tambour de basque, parcourt toutes les rues, les carrefours et les faubourgs habités par les musulmans, en frappant en cadence et à coups redoublés sur son tambour: c'est un appel au dernier repas de la nuit, composé généralement de fruits et de pâtisseries. — Avec l'aurore recommence le jeûne, mais aussi tous les Maures aisés s'endorment pour ne se réveiller qu'à quatre ou cinq heures de l'après-midi; le jour est devenu la nuit, et la nuit le jour.

Le trentième et dernier jour de Ramadan, le jeûne se termine au moment où paraît l'astre de la nuit; et un coup de canon, tiré du haut de la Kasba, en salue la bienvenue.

Le premier jour du mois de Schowal ou Chavol est un jour solennel, c'est le petit Baïram, autrement dit *Aïd-el-esrir* (la petite fête). Dès sept heures du matin on tire le canon, les musulmans se revêtent de leurs habits de fête, et vont se visiter et se souhaiter, en s'embrassant, joie et prospérité. Ce jour étant destiné aux réjouissances et aux plaisirs, l'expression triste et mélancolique du visage, qui était la marque d'un jeûne rigoureux, est remplacée par celle de la joie.

Le onzième mois, dou el-Kado (mois du repos), a reçu son nom de ce qu'on se reposait à ce moment des fatigues de la guerre, pour se livrer au commerce. Il s'appelle aussi bein-el-aïad (entre les fêtes), parce qu'il tombe entre la cessation du jeûne et le grand Beïram.

Le dernier mois est celui de Hadja, dérivé de *hadj* (pèlerin); c'est l'époque consacrée au pèlerinage de la Mecque. Le pèlerin qui part pour cette ville s'arrange en effet de façon à y arriver dans le courant de ce mois. Aussi voit-on passer dans Tunis, déjà deux ou trois mois auparavant, des troupes d'Arabes et de Djébélias, munis de couffins remplis de provisions. Ils portent le drapeau blanc sacré, et font entendre en cadence et sans arrêt ce fameux cri de l'Islam:

لا اله الا الله

« Lâ Allah illâ Allah ! »

Il n'y a point d'autre Dieu qu'Allah.

D'autres répètent sans cesse :

الحمد لله

« El-hamdoullah ! » Gloire à Dieu !

La plupart de ces pèlerins se rendent à pied à la Mecque par Tripoli.

Tout pèlerin ayant été en pèlerinage à la Mecque, prend le titre de *Hadj*, qu'il place avant son nom et qui lui reste acquis. C'est une marque de distinction honorable parmi eux. Toute caravane musulmane a avec elle un iman, un marabout ou quelqu'un en faisant les fonctions: durant le voyage ils se prosternent tous ensemble pour adorer Dieu, le matin, à midi, et le soir. Ceux des pèlerins qui, une fois arrivés à la Mecque, peuvent percer la foule compacte, et s'accrocher à la fenêtre de la chambre dans laquelle doit être suspendu au plafond le tombeau de Mohammed, s'estiment bien heureux, car c'est, dit-on, un de leurs vœux les plus ardents. — C'est sur le dixième jour de ce mois que tombe leur grande fête, Aïd-el-kébir, ou fête des sacrifices, Korban : c'est le grand Beïram, qui est célébré avec une grande solennité, et qui dure quatre jours pendant lesquels on immole à Dieu un grand nombre de brebis.

Autrefois les Tunisiens, comme les Arabes, ne comptaient que trois saisons, le printemps, l'été et l'hiver, parce qu'ils réunissaient l'automne à l'été, mais à présent ils partagent l'année en quatre saisons, comme les peuples de l'Europe, savoir: Erreby, le printemps, Essyf, l'été, Elkerif, l'automne, Echtâ, l'hiver. — Les cinq premiers jours de la semaine sont: Elahad, le premier ou Dimanche; Eletnine, le deuxième ou Lundi; Eltlatâ, le troisième ou Mardi; Elarbâ, le quatrième ou Mercredi; Elkemys, le cinquième ou Jeudi; les deux derniers jours ont une dénomination spéciale, savoir Eldjemâ, l'assemblée, Vendredi, jour férié comme consacré à la réunion des fidèles dans les mosquées, et Elsebt, le septième jour ou Samedi.

Ils comptent les heures à partir du coucher du soleil, c'est-à-dire, de six heures après midi jusqu'au lendemain à pareille heure.

Le croissant de la lune se place au haut des mosquées, sur les tours ou minarets d'où l'on appelle le peuple à la prière, et sur les étendards des musulmans dont il est devenu l'emblême, parce que Mohammed, en établissant dans le monde sa nouvelle doctrine, a pris la lune visible et en croissant pour servir de règle aux jeûnes et aux fêtes.

Le Kiblé est le point du ciel vers lequel les musulmans se tournent en faisant la prière cinq fois dans les vingt-quatre heures : à deux heures après minuit ou avant le jour, à six heures, à midi, à deux ou trois heures après midi, et à six ou huit heures du soir. Ils se tournaient d'abord vers Jérusalem, mais Mohammed voulant séparer les siens, a dit : « Quand vous priez, tournez votre visage vers le temple sacré de la Mecque » (Sourate La Vache, v. 146).

On compte sept principales éditions du Koran, si l'on peut donner ce nom aux plus anciennes copies de ce livre. On en a recueilli deux à Médine, qui y sont particulièrement en usage, une à la Mecque, une quatrième à Koufa, une cinquième à Bassora, une sixième en Syrie, et il y en a une septième, appelée l'édition commune ou vulgaire. Le nombre des versets de ces diverses éditions varie de six mille à six mille quatre cent soixante-treize; mais les musulmans assurent qu'elles renferment toutes le même nombre de mots, savoir soixante dix-sept mille six cent trente-neuf, et le même nombre de lettres savoir : trois cent vingt-trois mille quinze. En cela ils ont imité les Juifs qui ont compté scrupuleusement les mots et les lettres de la Loi ou Thorah, et ils ont également pris la peine de compter combien de fois chaque lettre est répétée dans le Koran.

Outre les divisions en chapitres et en versets, les musulmans ont encore divisé le Koran en soixante parties égales, et ils ont subdivisé ces soixante parties en quatre grandes fractions, comprenant chacune quinze de ces parties. Plus ordinairement le Koran est partagé en trente sections seulement. Ces divisions ont été faites pour la commodité de ceux qui lisent le Koran dans les mosquées attenantes aux tombeaux des sultans et des grands hommes. Chaque chapelle a trente lecteurs, et chacun lisant chaque jour sa section, il en résulte que le Koran est lu, dans ces lieux consacrés à la dévotion, d'un bout à l'autre une fois par jour: il existe des exemplaires du Koran divisés de cette manière, et reliés en trente petits volumes.

Les nombreux *tefsir* ou explications et commentaires du Koran forment une branche importante de la littérature musulmane.

ESCLAVAGE.

Tunis fut souvent en relation et quelquefois en lutte avec l'Occident. — Pendant les XIIIe et XIVe siècles, les Princes de Tunis avaient fait avec succès la guerre aux Chrétiens, qu'ils emmenaient par milliers en esclavage. Ils eurent de fréquents démêlés avec les chevaliers de Malte, et des Européens de toute nation tombèrent en leur pouvoir.

Pendant les siècles suivants beaucoup d'Italiens furent réduits en esclavage, et c'est depuis lors que l'italien est considéré comme langue officielle pour les Européens dans la Régence.

Des religieux catholiques-romains se dévouèrent pour aller à Tunis s'occuper du soin des esclaves, et leur porter des secours spirituels et temporels.

Déjà en 1210, sous Philippe-Auguste, Jean de Matha, fondateur de l'ordre de la Rédemption, et l'ermite Félix de Meaux, allaient racheter à Tunis plus de cent esclaves chrétiens.

Une captivité remarquable, quoique passagère, fut celle de St Vincent de Paule à Tunis.

L'origine régulière et permanente de la Mission date de 1624.

Elle avait non-seulement pour but le maintien dans la foi chrétienne des esclaves, mais elle devait les soutenir, les soigner en cas de maladie, et dans ce but un hôpital avait été fondé dans la ville même. Le supérieur de la Mission avait le titre de Procureur ou Protecteur des esclaves. De 1624 à 1638 ce furent des capucins siciliens qui s'établirent à Tunis; de 1638 à 1651 des capucins génois, et depuis 1672 jusqu'à nos jours des capucins romains. — En 1720 un envoyé extraordinaire de France, Mr Busault, fit reconnaître la Mission par le bey régnant.

Les esclaves de chaque nation avaient leur bagne ou fondouk, soit prison ou bain gardé par les soldats du bey. C'était un vaste bâtiment, assez proprement tenu, dans lequel ils étaient réunis, avaient leur demeure, prenaient leurs repas et pouvaient même vivre en famille. — Chacun de ces *bagni* avait une chapelle. — Il y eut d'abord un grand nombre de bagni; ainsi dans le commencement du XVIIIe siècle, on en comptait douze ou treize, mais vers la fin il n'y en avait plus que quatre grands, ceux de Ste Lucie, de St Roch, de St Léonard et de Ste Marguerite, qui étaient destinés aux Corses, aux Romains, aux Ragusains et aux Napolitains. Les esclaves des autres nations, qui n'étaient qu'en petit nombre, étaient mêlés et dispersés dans ces quatre bagni.

Des échanges fréquents avaient lieu entre Tunis et les

gouvernements européens: la France en particulier faisait racheter les esclaves de sa nation.

Chaque fondouk avait une ou deux familles, qui donnaient à manger aux autres esclaves, moyennant salaire.

On ne séparait guère les familles lorsqu'on pouvait faire autrement.

Il y avait les esclaves du Souverain, et les esclaves des particuliers. Les esclaves du prince demeuraient au palais, ils travaillaient dans ses jardins, et étaient traités avec douceur. Les autres esclaves travaillaient à un métier quelconque, généralement à celui qu'ils avaient appris dans leur jeunesse en Europe. Ils se nourrissaient dans leurs bagni à leur propre compte. Ils devaient produire journellement un tant fixe à leurs maîtres, excepté ceux qui étaient domestiques des particuliers et qui demeuraient chez ces derniers. Les esclaves pouvaient économiser: une fois qu'ils avaient remis à leur maître la somme qui avait été fixée, et qui ne devait pas être dépassée, ils avaient la faculté de garder ce qu'ils gagnaient en plus. En un mot avec de l'activité, de l'énergie, du travail, et une bonne santé, ils pouvaient facilement se racheter eux-mêmes.

Le prix pour le rachat variait de cinq cents à mille francs, suivant l'âge ou la force de l'esclave, et suivant aussi le caprice du maître.

En 1741, Aly-Pacha-Bey s'empara de l'île de Tabarca ou Tabarque, et réduisit en esclavage tous ses habitants. Cette île, à trente-huit lieues Ouest de Tunis, était peuplée de Gênois, qui se livraient à la pêche du corail. Elle appartenait au marquis Lomellini qui en avait hérité des princes Doria, et qui cherchait à s'en défaire. La Compagnie royale d'Afrique, créée à cette époque par édit du roi de France, se proposant d'en faire l'acquisition, entra en négociation avec le propriétaire; mais cette nouvelle fut ébruitée et parvint à Tunis, qui à cette époque venait de rompre avec la France. Aly-Bey résolut de s'opposer à ce que Tabarca fût occupée par les Français, et il se décida à l'attaquer. Son fils Hussein fut chargé de cette expédition, et Tabarca ayant été prise, huit cent quarante-deux habitants furent faits prisonniers. Ces malheureux arrivèrent presque nus à Tunis, où la mission se ruina pour eux.

Il arriva souvent que des esclaves européens embrassèrent l'islamisme, et, devenant libres, se mariaient avec des femmes du pays. Ce sang mélangé produisit une belle population: ainsi les habitants de la délicieuse ville de Zahouan, à la distance d'une forte journée de marche à l'Est de Tunis, descendent pour la plupart des Espagnols, aussi le type de sa population est-il des plus remarquables.

Il y avait à Tunis une place où l'on vendait les esclaves. Ce triste marché se faisait pourtant à cette époque reculée avec bien plus d'humanité que dans certain pays qui se targue d'être à la tête de la civilisation et de la liberté, et où, à l'heure qu'il est, on vend et on achète son coreligionnaire comme on ferait d'une bête de somme.

A la fin du XVIIIe siècle il y avait encore beaucoup d'esclaves chrétiens à Tunis: c'étaient surtout, outre les Gênois de Tabarca, des Vénitiens, des Napolitains, des Siciliens et des Maltais; quelques-uns appartenaient à la Russie, d'autres à l'Empire.

Le rachat des esclaves appartenant au bey était fixé à deux cent trente sequins vénitiens pour les matelots, et à quatre cent soixante pour les capitaines et les femmes de tout âge. Le prix demandé par les particuliers était souvent moins élevé. — « Le sort de ces esclaves était en général « fort doux, » dit Mr de Chateaubriand qui visita Tunis à la fin du siècle dernier, « plusieurs d'entre eux après avoir « été rachetés restaient à Tunis; d'autres obtenaient leur « liberté par la générosité de leur maître, ou bien à sa mort, « ou encore en se rachetant. »

L'esclavage des Chrétiens a été aboli en Mai 1816, pendant la semaine de Pâques, sous le règne de Mahmoud-Bey, fils de Hammouda-Pacha.

Quant aux nègres et aux négresses esclaves, en 1842 une famille entière, mari, femme et enfants, pour échapper aux mauvais traitements de leur maître avaient cherché un asile auprès du Consulat général de France. Le Chargé d'affaires demanda leur liberté, et l'illustre Ackmed-Bey non-seulement céda aux demandes du représentant de la France, mais encore déclara libre, à l'avenir, tout enfant qui naîtrait de parents esclaves. Peu de temps après, ce prince, aussi sage que bon, donna lui-même la liberté à tous les esclaves de sa maison qui, dès lors, reçurent le salaire de leur travail; car, affectionnés qu'ils étaient à la maison du prince, ils restèrent au Bardo et à la Mohammédié, quoiqu'ils fussent libres d'aller où bon leur semblait.

Chacun suivit l'exemple du Souverain, et l'esclavage fut matériellement et officiellement aboli dans tout le royaume de Tunis.

Honneur donc à la mémoire d'Ackmed-Bey, et honte aux peuples qui conservent encore, en plein XIXe siècle et au milieu de la civilisation et du christianisme, l'abominable institution de l'esclavage!

Et pourtant quelle différence entre l'état des esclaves musulmans et l'état actuel des esclaves aux Etats-Unis d'Amérique par exemple!

Il est bon qu'on en connaisse quelques détails qui feront plus vivement ressortir le contraste.

Le sectateur de l'Islam était strictement conduit par ces paroles du Koran: « Pardonne à ton esclave soixante-dix « fois par jour, si tu veux mériter la bonté divine. Vêtissez « vos esclaves de votre habillement, et nourrissez-les de « vos aliments. — Si quelqu'un de vos esclaves vous de- « mande son affranchissement par écrit, donnez-le-lui, si « vous l'en jugez digne. Donnez-leur un peu de ces biens « que Dieu vous a accordés. » (Sourate La Lumière v. 33.)

Et les musulmans respectaient ces paroles de l'un de

leurs plus illustres théologiens: « Ne dis jamais: mon es-« clave, car nous sommes tous les esclaves de Dieu; mais « dis: mon serviteur ou ma servante. »

Les docteurs musulmans ordonnent de fournir consciencieusement à l'entretien et à la nourriture de l'esclave, et de ne point lui imposer une tâche au-dessus de ses forces. Ils recommandent de vendre l'esclave si son maître ne peut l'entretenir, et ils défendent de le charger de trop de travail. — Le chef du pays devait veiller à l'exécution de ces règles.

Les lois les plus équitables étaient établies pour tout ce qui pouvait concerner les esclaves, et leur assurer une constante protection.

Les mariages étaient sacrés.

Le fils d'une négresse esclave et d'un homme libre était libre, et l'égal de ses demi-frères.

L'esclave pouvait hériter de son maître à sa mort.

Si le maître commettait envers son esclave une action blâmable et patente, il lui rendait par cela même le droit à la liberté: par exemple, s'il lui arrachait une dent ou lui coupait un doigt.

Les enfants esclaves avaient des tuteurs que les jeunes garçons conservaient jusqu'à l'époque de leur majorité, et les jeunes filles jusqu'à celle de leur mariage. Ce tuteur ou le plus proche parent des enfants était obligé de les surveiller, de les envoyer à l'école, et de les préserver de tout mauvais traitement. Pour être tuteur il fallait être réputé sage, être à son aise, et prendre vraiment soin de l'enfant dont on s'était chargé.

Les formes de vente et d'achat étaient définies.

Les vieux serviteurs finissaient presque toujours par être affranchis.

Les modes d'affranchissement étaient nombreux, les promesses d'affranchissement sacrées et fréquentes, et l'affranchi se fondait tout naturellement dans la population libre, sans que son origine ou la couleur de sa peau fût jamais pour lui un sujet d'humiliation. Enfin chez tous les hommes « craignant Dieu » les esclaves faisaient, à bien des égards, partie de la famille.

Il faut ajouter aussi que le bas prix des esclaves leur donnait facilement occasion de se racheter eux-mêmes. Il y a vingt ans qu'une négresse, par exemple, se rachetait pour trois cents francs.

Voilà ce qui se pratiquait à Tunis, et ce qui se pratique encore au Maroc ou dans le Sahara.

Un fameux docteur musulman, Abou-Messaoud, a écrit ce qui suit dans un livre vénéré qui sert de règle et de direction : « J'ai frappé mon esclave, et j'ai entendu une voix « me crier aussitôt: Dieu est plus puissant vis-à-vis de toi « que tu ne l'es vis-à-vis de ton serviteur! Je me suis re- « tourné, j'ai reconnu le prophète, et je me suis écrié: « Mon esclave est dès à présent affranchi pour l'amour de « Dieu. Et Mohammed m'a répondu: Si tu n'avais pas agi « ainsi, le feu t'aurait dévoré. »

En Turquie les esclaves qu'on regardait souvent comme faisant partie de la famille, étaient affranchis après un certain nombre d'années de service; et il était même d'usage de constituer une rente à ceux d'entre eux qui avaient donné des soins aux enfants de la maison.

Avant l'abolition complète de l'esclavage des nègres, lorsqu'un bey de Tunis, ou simplement un membre de la famille régnante, venait à mourir, un très-grand nombre de ses esclaves recevaient leur liberté, et, en même temps que ceux du défunt, ceux aussi de plusieurs des grands qui regardaient ces affranchissements comme un moyen de faire leur cour.

Qu'il soit maintenant permis de citer des faits authentiques qui se passent encore de nos jours dans d'autres contrées, et qui méritent d'être mis en parallèle! Ils feront juger de l'incroyable différence qui existe sur ce point entre l'Afrique et l'Amérique, et ils serviront à faire apprécier l'immense supériorité relative de l'ancien esclavage tunisien sur celui qui existe encore actuellement aux Etats-Unis.

Dans cette noble république, des journaux qui prennent les titres de républicains, de démocrates, qui sont remplis de déclamations contre les tyrans, et qui font sonner bien haut les mots de fraternité et d'égalité en inscrivant sur leur bannière celui de *Liberty*, sont régulièrement couverts d'annonces de ventes d'esclaves noirs, mulâtres ou quarterons, de tout âge, de tout sexe, et souvent de prix exorbitants.

L'*élève* des esclaves s'y fait sur une grande échelle dans plusieurs Etats; et l'esclave y est regardé par les uns comme une marchandise, et par les autres comme un être auquel on dénie les droits au titre d'homme. Dans cette contrée antidespotique la fin voulue de l'esclavage est uniquement l'avantage du maître : c'est le despotisme le plus absolu et le moins mitigé qu'on puisse imaginer. Ainsi le témoignage d'un esclave n'y étant pas reçu en justice, son maître est investi, par le fait, du droit de vie et de mort à son égard. Il peut le condamner, quand il le veut, et sans en rendre compte à personne, à des travaux aussi pénibles, et plus pénibles que ceux d'un galérien. Il dispose entièrement de sa réputation. Il peut l'accuser de toute espèce de crimes, et lui interdire en même temps les enquêtes et les investigations au moyen desquelles il pourrait peut-être se justifier.

Dans plusieurs Etats, dans la Caroline du Sud par exemple, un maître peut assassiner son esclave, avec ou sans préméditation, et le meurtrier n'a besoin pour être acquitté que d'affirmer par serment son innocence, lors même que toutes les circonstances établiraient la présomption contraire, et que des témoins de couleur prouveraient péremptoirement la culpabilité de l'accusé.

Aux Etats-Unis, dans les Etats à esclaves, on sépare les familles sans plus de scrupule qu'on le ferait pour une portée de petits chiens ou de petits chats. On arrache les enfants à leur mère; on vendra le père en Floride, la mère en Virginie. On échange les noirs contre des bêtes de somme. On les transporte enchaînés, les sexes mêlés ensemble, d'un marché du Nord dans un marché du Sud, pour en trafiquer plus avantageusement. Des maîtres donnent à leurs nègres, ou bien prennent pour eux et pour leurs fils, leurs esclaves mulâtresses ou négresses, dont ils verront naître de pauvres petits esclaves, qu'ils pourront vendre un jour avec avantage.

Dans ce pays les esclaves n'ont pas plus le droit de posséder que celui de se marier légalement, et d'élever leurs enfants. On leur défend souvent d'assister au culte de leur choix et même de se réunir pour prier Dieu.

On fait des lois, comme dans la Caroline du Sud, pour interdire aux maîtres d'esclaves de leur apprendre à lire et à écrire, sous peine de six mois de prison et de cent dollars d'amende, somme qui est aussi celle que l'on paie lorsqu'on a coupé la langue ou crevé les yeux à son esclave, à supposer du moins que le jury ne considère pas ce fait comme un acte ordinaire de discipline domestique! Et encore faudrait-il, pour que la condamnation ait lieu dans ce cas, que le dit délit soit affirmé par des témoins blancs et libres, car le témoignage d'un esclave est absolument sans valeur dans ce pays de liberté et d'égalité. En outre, le témoignage d'un blanc est toujours acquis aux blancs, et le nègre d'ailleurs est trop craintif pour rendre témoignage contre un blanc, lors même qu'il pourrait le faire.

Les esclaves ne sont point considérés comme compris dans les règlements relatifs à la paix publique: ils ne sont point citoyens, et ne peuvent en conséquence avoir aucun titre à la protection de l'Etat.

Toute personne qui voudrait avoir la plus petite école de nègres, ou qui donnerait quelque éducation à ses propres esclaves, fût-ce à de jeunes enfants, doit, suivant la loi de Virginie, comparaître pour ce crime devant le magistrat, sans que celui-ci ait aucune latitude pour adoucir ou commuer la peine. La police est chargée de surveiller strictement les particuliers à cette intention.

Dans ce pays où règne une liberté si noble, les lois punissent, comme dans la Caroline du Sud, le Mississipi, les maîtres qui, cédant à un mouvement de générosité, laissent leurs esclaves se faire un petit pécule personnel par leur industrie, leur talent ou leur activité. Et ces lois assurent une prime aux dénonciateurs, se plaçant ainsi par ce dernier fait à peu près sur le même rang que l'ancienne Inquisition d'Espagne, qui elle au moins avait à l'origine un principe moins inqualifiable et moins vil.

On interdit l'émancipation des esclaves dans la Géorgie, l'Alabama, la Caroline du Sud, à moins d'un acte spécial de la législature de l'Etat, et l'on punit d'une amende de deux cents dollars l'homme blanc qui contrevient à cette loi. Et, chose horrible! même dans ceux de ces Etats où le maître peut affranchir son esclave, ce dernier, après avoir été rendu à la liberté, pourra néanmoins être enlevé, être remis en esclavage, et être vendu de nouveau. Né esclave, il doit mourir esclave.

On fait la chasse à ceux qui s'enfuient, de la même manière qu'on court le sanglier ou toute autre bête fauve. Des chiens énormes et féroces sont dressés et loués pour traquer et déchirer les malheureux esclaves fugitifs.

Sur la proposition de Mr C***, le Congrès américain décréta en 1850 la loi dite du Compromis, par laquelle il est interdit sous peine d'amende et d'emprisonnement d'aider en quoi que ce soit la fuite d'un esclave.

La loi du 12 Février 1853 dans l'Illinois, Etat opposé à l'esclavage, renferme cependant, pour empêcher l'immigration des nègres libres, les paragraphes suivants : § 1. Le peuple de l'Illinois, représenté en assemblée générale, déclare: Que si une ou plusieurs personnes amènent, ou aident à amener dans cet Etat des nègres, des mulâtres ou des esclaves de couleur, libérés ou non, ces personnes pourront être traduites en justice; et, sur les preuves de leur culpabilité, elles seront punies d'une amende, qui pourra s'élever à cinq cents dollars pour chaque nègre ou mulâtre. De plus, la personne coupable sera retenue en prison jusqu'à l'entier paiement de l'amende et des frais. § 3. Si un nègre ou un mulâtre, libre ou esclave, vient dans l'Etat et y séjourne, pendant dix jours, avec l'intention évidente de s'y établir, il sera tout d'abord condamné à une amende de cinquante dollars, puis jugé par un jury de douze personnes. § 4. Si un nègre ou un mulâtre libre est découvert sur le territoire de l'Illinois, et qu'il ne puisse payer l'amende, il sera mis en prison, puis vendu aux enchères publiques. § 5. En cas de récidive l'amende sera portée à cent dollars, et si l'homme de couleur ne peut la payer, il sera vendu publiquement. § 7. La moitié de la valeur de l'amende est accordée à l'espion, ou à celui qui trahit les fugitifs et les voyageurs de couleur, le reste va au fonds de charité. (Joli fonds de charité!) Le § 9 renferme la pénalité à prononcer contre le juge de paix qui refuse de poursuivre dans de pareils cas. Le § 10 déclare que toute personne qui a un quart de sang nègre dans les veines, est comptée comme mulâtre, et tombe (pour ce crime abominable) sous le coup de cette loi!

Que peut devenir dans de pareilles circonstances, l'homme de couleur, libre ou esclave? Bête de somme dans les Etats à esclaves, et bête fauve dans les Etats plus civilisés et plus philanthropes.

Et que de tristes faits à citer avec un pareil système dont la conséquence a été de fausser l'esprit public, qui ne s'émeut nullement aux Etats-Unis de cruautés quotidiennes, dont le récit seul excite en Europe une profonde indignation! — Tel fut en Mai 1847, dans la Caroline du Sud, le procès d'Elisa R *** qui avait tué à force de coups une pauvre femme, nommée Marie, son esclave et sa nourrice, et qui fut acquittée à Charlestown, bien que les débats eussent prouvé son crime. Mais le témoignage des esclaves étant nul devant la loi, et une femme esclave n'étant finalement qu'un esclave, les tribunaux déclarèrent que cet assassinat n'était qu'un acte ordinaire de discipline domestique. — Ou la condamnation à seulement sept cents dollars d'amende de ce capitaine de vaisseau dont l'équipage était composé d'esclaves, et qui avait fait couper la tête en plein jour dans le port de Charlestown à l'un de ses matelots, en y joignant tous les raffinements de la cruauté la plus barbare. — Ou l'acquittement de Thomas M*** gentleman arrêté à Wallerborough dans la Caroline du Sud, pour le meurtre d'un esclave qui s'était enfui, et dont on ne connaissait pas le maître. Le prévenu avait d'abord tiré sur le malheureux esclave, l'avait grièvement blessé, puis placé dans un tourniquet, ce qui est une affreuse torture; enfin, après l'avoir relâché, il l'avait fait poursuivre par des chiens de chasse (*blood hounds*, chiens de sang ou de combat) et il avait fini par le hâcher en pièces, et le faire manger à ses chiens. — Ou la scène qui s'est passée récemment à Bâton-Rouge, chef-lieu de la Louisiane, où deux citoyens de cette ville essayèrent de reprendre un nègre qu'ils supposèrent bonnement et gratuitement s'être enfui de chez son maître. Le nègre qui travaillait dans un bateau, ne pouvant convaincre ses agresseurs de son innocence, et connaissant le sort qui l'attendait, résista énergiquement, tant à leurs attaques qu'à celles de leurs chiens, et ne périt qu'à la troisième décharge de leurs fusils, en s'enfonçant dans l'eau après une lutte désespérée. — Ou encore ce fait d'un maître qui, en Virginie, sur de simples soupçons contre son esclave, l'étrangla, après l'avoir roué de coups, et fut acquitté à l'unanimité des jurés comme non coupable.

Et tant d'autres faits sans nombre, et des annonces d'esclaves à vendre en gros, en détail et par commission, ou de chiens à louer, destinés à traquer les malheureux esclaves qui s'échappent.

Voyez par exemple dans le « Memphis Eagle and Inquirer » du 13 novembre 1852 des avis comme ceux-ci: Je viens de recevoir de l'Est soixante-quinze nègres assortis. On est prié de se dépêcher si l'on veut avoir le premier choix. — Benj. L ***

Ou dans le « Natchez Courier » du 20 novembre 1852: *Nègres.* — Le soussigné a l'honneur d'informer le public qu'il vient de prendre à bail la maison située au carrefour de la route près de Natchez, et qu'il se propose d'y tenir à la disposition du public un bel assortiment de nègres pendant toute l'année. Ses prix seront tout aussi modérés que ceux d'aucun autre marchand de la ville ou de la Nouvelle-Orléans. Il vient d'arriver de la Virginie avec un très-joli assortiment d'hommes et de femmes, propres au travail des plantations; il en ramène aussi des domestiques, trois cuisinières et un charpentier. — On peut venir les voir. — A vendre immédiatement un beau cheval, une selle et une carriole. — Th.-G. J***

Ou dans le « Daily Orleanian » du 19 Octobre 1852: *Dépôt d'esclaves de la Nouvelle-Orléans.* — Wm T*** et Cie ont en mains un assortiment complet d'esclaves bien choisis à vendre. Vente et achat d'esclaves par commission. Nègres à louer au mois; jeunes garçons, comme domestiques de maison; cuisinières, blanchisseuses, repasseuses, nourrices, etc. — Références: W. W*** et Cie; W. P*** et Cie; M. G***; M. T*** et Cie; E.-W. D***; J.-O. N.*** et Cie.

La « Dadeville Banner », dans l'Etat d'Alabama, consacrée à la politique, la littérature, l'éducation, l'agriculture, contient dans son numéro du 1er Septembre 1852, l'annonce suivante: Le soussigné, possédant une excellente meute de limiers (blood hounds) pour traquer et reprendre les esclaves fugitifs, a l'honneur d'informer le public que, pour l'avenir, ses prix restent ainsi fixés: pour chaque journée employée à traquer ou à chasser, 2 ½ dollars; pour chaque esclave repris, 10 dol.; pour les esclaves repris à plus de dix milles, 20 dol. — B. B***.

A-t-on jamais, chez les Musulmans, rien vu de pareil à cet atroce et impudent commerce?

Faut-il continuer ces tristes citations par l'exemple des dames Douglas de Stonebridge en Virginie qui, l'an passé, furent traînées devant les magistrats pour avoir donné d'une manière régulière et permanente, un enseignement verbal à quelques enfants nègres, rassemblés d'abord devant leur porte? Ces dames, tout en avouant leur *crime*, n'imaginèrent rien de mieux pour chercher à s'excuser que de se baser sur l'ignorance où elles étaient de la loi de l'Etat. — Et par tant d'autres faits encore qui montrent chaque jour que les esclaves de toutes nuances, chrétiens ou païens, peuvent, aux Etats-Unis, être entassés pêle-mêle dans de misérables huttes, basses, étroites, malpropres, sans plancher ni cheminée; sur un sol humide et froid; sans couverture ni meubles; qu'ils peuvent être surchargés de travaux, séparés de leurs familles, privés de toute instruction ou éducation quelconque, retenus dans le paganisme, comme aussi subir toutes les fatigues d'un travail sans relâche, ou endurer tous les tourments de la faim et mourir d'inanition; ou bien être déchirés par le fouet, torturés, mutilés, brûlés, souvent jusqu'à ce que mort s'en suive, sans trouver dans la loi ni garantie, ni aucune protection contre la barbarie d'un mauvais maître.

Et Dieu seul connaît toutes les infamies et toutes les cruautés qui peuvent se commettre dans les pays où règne l'esclavage, car le cœur de l'homme est un abîme, et lorsqu'il est éloigné de Dieu, et livré sans contrôle à toutes ses passions, il est capable de tout.

Oui, honte à ces Etats du Sud, à ce peuple qui fausse les notions du bien et du mal, à cette conférence, par exemple, du clergé dans la Géorgie, qui a osé dire que l'esclavage n'est pas un mal au point de vue de la morale!

« Si j'ai dédaigné, disent les Ecritures, de faire droit « à mon esclave ou à ma servante, quand ils ont eu « contestation avec moi, que ferai-je quand le Dieu Fort se « lèvera, et que Lui répondrai-je lorsqu'Il me demandera « compte? Celui qui m'a créé, n'est-il pas le même Dieu « qui les a créés comme moi, et semblables à moi? » (Job. XXXI 13, 14, 15.)

Voici les Etats de l'Union Américaine qui conservent cette inhumaine institution et où l'esclavage est encore sanctionné par la loi: La Virginie, le Delaware, le Maryland, la Caroline du Nord et la Caroline du Sud, la Géorgie, la Floride, le Missouri, le Texas, l'Arkansas, la Louisiane, l'Alabama, le Mississipi, le Ténessé, le Kentucky, et le district de Colombie. — Dans le Delaware, le Missouri et la Colombie l'esclavage tend heureusement à disparaître. Le territoire de Kansas qui demande d'être annexé comme nouvel Etat, ne sera admis dans l'Union que comme Etat sans esclaves.

Mais que les Etats du Nord qui se vantent de ne plus avoir d'esclaves, soient aussi humiliés par les puissances musulmanes. En effet, malgré des exemples nombreux d'un zèle abolitionniste aussi énergique qu'honorable, malgré l'*American anti-slavery society*, et une législation certes plus équitable et plus tolérante, malgré des efforts persévérants, on trouve généralement chez ces populations un éloignement et un mépris prononcés pour les noirs, les mulâtres, les métis, les quarterons, et même les blancs qui ont les ongles légèrement tachés de brun ! Drapés dans leur ridicule, sot et coupable orgueil, ces gens-là, non-seulement font des lois pareilles à celles de l'Illinois, mais encore ne veulent pas s'asseoir dans une voiture publique, par exemple, à côté d'un homme de couleur, ni tendre la main à un pauvre nègre en péril; et souvent ces hommes (qui veulent parfois se mêler de faire la leçon aux souverains de l'Europe sur la manière dont ils doivent traiter leurs peuples, et qui devraient bien regarder la poutre qui est dans leur œil, avant de crier pour une paille qui est dans l'œil de leur prochain) chassent à coups de canne, ou à coups de pied, le malheureux qui a le tort d'avoir une peau un peu plus foncée que la leur, et qui, osant aspirer aux mêmes priviléges que les blancs, se permet de croire qu'il fait partie de l'espèce humaine.

Quelle différence entre cette conduite de beaucoup d'Américains, et celle pleine de douceur des sectateurs du Koran envers les hommes de couleur! Chez les musulmans les lois sont toutes faites en faveur de l'esclave, tandis qu'en Amérique, dictées par l'avarice et l'égoïsme, elles l'enserrent de toutes parts, comme dans une prison aux murs de fer. Chez les premiers, non-seulement le noir, le mulâtre est traité avec ménagements et bonté, mais il est considéré par les mœurs et par la loi comme l'égal de l'homme blanc ; aucun mépris ne pèse sur lui : en un mot, c'est un frère.

Et quelle différence aussi avec l'esclavage tel qu'il a existé chez les anciens Hébreux ! Ainsi l'acte par lequel s'alimentaient le plus fréquemment les marchés d'esclaves, c'est-à-dire l'enlèvement d'un homme, était puni de mort. (Exode XXI, 16.) — L'esclave hébreu recouvrait ordinairement sa liberté après six ans de servage, dans l'année sabbatique. « Si tu achètes un esclave hébreu, il te servira pendant six années, et à la septième tu le remettras en liberté sans exiger de rançon. » (Exode XXI, 2. Deut. XV, 12, 13. Jérémie XXXIV, 14.) Et, en tous cas, les esclaves recouvraient leur liberté en l'année du Jubilé, eux et leur famille ; ils n'étaient point renvoyés à vide, et ils rentraient avec leurs enfants dans la possession de leurs pères. (Lévitique XXV.) De plus, la loi garantissait à l'esclave une grande portion de son temps, dont il conservait la libre disposition : « un jour sur sept. » (Exode XX, 10.) — Le pécule de l'esclave, ou ce qu'il gagnait en sus de ce qu'il devait à son maître, n'appartenait point, comme aux Etats-Unis, à ce dernier. Nous voyons même, dans le second livre de Samuel, un esclave de Saül qui « possédait de grands biens, et avait vingt serviteurs à lui. » (II. Sam. IX, 10.) Au premier livre des Chroniques, nous lisons que » Sésan n'eut point de fils, mais des filles. Or il avait un esclave égyptien nommé Jarah, et Sésan lui donna pour femme sa fille, qui lui enfanta Hattaï. » Et l'Ecriture ne nous dit-elle pas ailleurs que, si Abraham était mort sans enfants, le premier de ses esclaves eût été son « héritier. » (Genèse XV, 3.) — La loi protégeait les esclaves contre toute violence. Il suffisait, comme chez les musulmans, que la brutalité d'un maître privât son serviteur d'un œil ou d'une dent, pour que celui-ci fût à l'instant affranchi. (Exode XXI, 26, 27.) — Les esclaves étaient placés sur un pied d'égalité complète pour ce qui concernait les rapports civils et religieux. Ils faisaient partie de la famille, et prenaient part à toutes les fêtes particulières et nationales. (Deut. III, 2.) En un mot, toutes les institutions mosaïques étaient si bien combinées en vue de l'émancipation des esclaves, que, longtemps avant la venue du Christ, il paraît qu'il n'y en avait à peu près plus parmi les Israélites.

Enfin, pour achever de combattre cet odieux système d'esclavage qui fausse les notions du bien et du mal, qui heurte tous les instincts les plus sacrés de l'humanité, et qui est la source empoisonnée d'infinies douleurs physiques et morales, il faut qu'on démontre combien est faux le lieu commun, si souvent répété, que le pauvre ouvrier des manufactures en Angleterre, le paysan en Irlande, ou le serf en Russie, est aussi à plaindre que l'esclave des Etats-Unis. Le moindre examen fait bien vite raison d'une allégation aussi erronée! Sans doute, les nègres appartiennent souvent, très-souvent, si l'on veut à de bons maîtres, et ils peuvent vivre heureux, tant que ceux-ci existent, avec de l'eau pour boisson, et un peck de blé, de riz ou de patates sucrées pour toute nourriture (un peu plus de neuf litres par semaine); il est vrai qu'il est des maîtres qui, ne s'en tenant point à cette dépense de cinquante centimes par semaine, accordent à leurs esclaves une ration de blé beaucoup plus forte, qui y ajoutent même un peu de sel ou de tabac, et qui possesseurs de plusieurs centaines de nègres, ont des attentions pour quelques-uns; mais ce n'est pas là une règle générale, et la meilleure preuve de la misérable condition des esclaves, ce sont leurs fuites fréquentes, leurs actes de désespoir, les infâmes lois promulguées dans tant d'Etats, lesquelles toutefois sont heureusement aujourd'hui transgressées par bien des maîtres, et les récits des personnes impartiales qui ont visité les Etats-Unis, sans parler des détails quotidiens donnés par les journaux du pays, et des aveux même qui échappent aux Américains.

N'est-ce pas un fait que, sur bon nombre des plantations du Mississipi, les nègres souffrent plus ou moins de la faim à certaines époques de l'année? « Pendant mon séjour dans le Sud, en Géorgie, dit le R[d] Horace Moulton, je dépensais en moyenne un dollar par jour, pour ma nourriture, soit la valeur de quatorze boisseaux de blé par semaine. Ma seule dépense d'alimentation égalait donc celle de quarante-six esclaves. » Et M[r] Baudinot qui a navigué quelques années sur le Mississipi, déclare que dans les contrées rapprochées du fleuve, quand les bateaux s'arrêtent la nuit, ils sont constamment abordés par des esclaves qui mendient quelque chose à manger.

« *Tous les hommes,* » dit la Déclaration de l'indépendance des Etats-Unis dont les principaux rédacteurs furent Franklin et Jefferson, « tous les hommes sont créés libres et égaux, et ils ont naturellement un droit égal à la vie, à la liberté et au bonheur. »

Et il est des républicains américains qui émettent hautement, en 1857, leur désir de voir la traite des nègres rétablie! Sur quoi s'appuyeraient-ils pour légitimer leur langage? Serait-ce sur cette sanglante ironie de Montesquieu, laquelle n'est certes pas nouvelle: « Si j'avais à soutenir le droit que nous avons de rendre les nègres esclaves, voici ce que je dirais: Les peuples d'Europe ayant exterminé ceux d'Amérique, ils ont dû réduire les noirs en esclavage pour s'en servir à défricher tant de terres. Le sucre serait trop cher, si l'on ne faisait travailler la plante qui le produit par des esclaves. Ceux dont il s'agit sont noirs depuis les pieds jusqu'à la tête, et ils ont le nez si écrasé qu'il est presque impossible de les plaindre. — Il est impossible que nous supposions que ces gens-là soient des hommes, parce que si nous les supposions des hommes, on commencerait à croire que nous ne sommes pas nous-mêmes chrétiens. »

« La plus grande de toutes les injustices, parce qu'elle les comprend toutes, c'est l'esclavage, » dit Victor Cousin dans son remarquable ouvrage « Du vrai, du beau et du bien. »

Les Saintes Ecritures disent: « Dieu a fait naître d'un seul sang tout le genre humain, pour être disséminé sur toute la surface de la terre habitable. » Cette vérité biblique de l'unité de l'espèce humaine est aujourd'hui reconnue, acceptée et démontrée.

Si l'Evangile ne contient pas à l'égard de l'esclavage des prescriptions formelles, il n'en est pas moins évident que cette horrible institution est éminemment contraire à son esprit. Le christianisme qui reconnaît et consacre les différents rapports et les divers degrés d'une hiérarchie sociale inévitable et providentielle, s'oppose évidemment à ce qu'un homme possède sans contrôle son semblable, à ce qu'il puisse l'acheter, le vendre et en trafiquer à son gré.

Sans aucun doute, lorsqu'il s'agit de porter remède à un tel état de choses, on rencontre d'immenses difficultés: il ne faut ni s'en étonner, ni les méconnaître. Une population de trois millions et demi d'esclaves, représentant une valeur d'environ six milliards de francs; le respect dû au droit de propriété; une confédération d'Etats qui ne peuvent adopter aucune loi capable d'imprimer une bonne impulsion au corps entier sans qu'elle ait obtenu l'assentiment de la majorité; le renchérissement prétendu des denrées, comme le sucre et le coton, dans le cas de l'affranchissement des esclaves ; toutes ces objections, et d'autres encore, peuvent avoir un certain poids.

Mais ce qu'il est navrant de constater, c'est que loin, de préparer les voies à l'abolition de l'esclavage, ou seulement à un adoucissement dans le sort des esclaves, comme le fit le glorieux Ackmed, bey de Tunis, qui commença d'abord par déclarer que tout enfant qui naîtrait de parents esclaves, serait libre, et qui affranchit lui-même ses nègres et ses négresses esclaves ; bien loin d'adopter quelque mesure qui donne au moins de l'espoir, avant de proclamer comme on l'a fait tout récemment en Orient, que l'esclavage n'existe plus, les Etats-Unis, au contraire, semblent marcher dans une route diamétralement opposée, et vont s'enfonçant toujours davantage dans les ténèbres de lois odieuses, inhumaines et antichrétiennes, s'endormant ainsi dans un coupable et dangereux égoïsme, sans vouloir regarder bien en face, et examiner sérieusement cette question si élevée de religion et de morale, qu'ils feraient bien aussi peut-être de considérer comme une question de haute prudence et de vraie politique.

Malheur à ceux qui foulent aux pieds l'esprit du christianisme, et qui violent les principes les plus naturels soit de l'humanité, soit de cette civilisation moderne à la tête de laquelle les Etats-Unis d'Amérique prétendent se trouver placés ! Veulent-ils attendre, pour se réveiller, de voir un jour crouler leur esclavage au bruit de quelque épouvantable coup de tonnerre. . . .

« Je tremble pour mon pays en pensant que Dieu est juste, » s'écriait en parlant de l'esclavage Jefferson, président des Etats-Unis en 1801.

« C'est à moi qu'appartient la vengeance, et je l'exercerai, » dit le Seigneur.

DES MAURES, DES ARABES,

ET DES

DJÉBÉLIAS OU KABYLES.

On trouve à Tunis l'un des plus beaux types des populations maures. — Les Maures de Tunis descendent, en partie, des Maures d'Espagne, et de ceux de Sicile qui repassèrent en Afrique, fuyant la domination intolérante des empereurs d'Allemagne. Un certain nombre de Maures descendent aussi des Turcs et des Koulouglis; et beaucoup d'entre eux ont du sang européen ou asiatique dans les veines, des marins ou des esclaves espagnols, grecs, italiens, circassiens, ayant, à diverses époques, embrassé l'islamisme et adopté Tunis pour patrie.

Les Maures se marient entre eux; ils ne voudraient pas contracter d'alliance avec les Bédouins, et, d'un autre côté, un Arabe nomade ne voudrait pas donner sa fille à un Maure.

Les Maures sont des citadins graves et paisibles, pleins du sentiment de leur dignité, fiers et orgueilleux, souvent hautains et superbes, quoique toujours polis et pleins de courtoisie.

Ils ont conservé quelque chose du caractère chevaleresque de leurs ancêtres; ils aiment à obliger, et se montrent souvent pleins d'égards pour les étrangers.

Le Maure est amoureux du merveilleux, de la musique et de la poésie, des fleurs et des parfums. Il aime les récits, les contes, les légendes; il est riche d'imagination, et s'exprime en termes choisis.

Il est indolent et insouciant.

Il ne pense pas déroger, lors même qu'il appartient à la noblesse, en se livrant au commerce et en tenant boutique. Dans ces boutiques, il vend des tissus, des soieries, des draps de couleur, des étoffes, des armes à feu incrustées, des tables, des guéridons en nacre et en écaille, des objets en filigrane d'or ou d'argent, des djébiras ou gibecières de grèbe ou d'ichneumon, des chapeaux de palmier ornés de belles plumes d'autruche, des éventails d'aloès, du henné, du hachich, du koheul, du ratloukoûm, des bracelets d'argent massif, des essences et des parfums, des griffes de lion ou des défenses de sanglier montées en argent, du tabac, des cierges pour les mosquées, des fruits et des légumes verts ou secs, et tout ce qui concerne la chaussure, la coiffure et les vêtements.

Le Maure rit rarement, jamais aux éclats, ce serait par trop contraire au sentiment de la dignité humaine dont il est pénétré.

Il n'a pas ce détestable esprit de moquerie et de raillerie, de causticité et de persiflage vulgaire que l'on trouve en Europe; mais sa conversation renferme des comparaisons fines, ingénieuses et originales; son persiflage est de bon ton, quelquefois mordant, rarement impoli.

Le Maure le plus infime sait qu'il est un homme, et comme tel l'égal même du prince.

Il n'a jamais ce ton grossier, ces jurements, ces expressions choquantes des gens du peuple en Europe.

Il a un tact particulier pour rendre à chacun ce qui lui est dû, et il ne se montre jamais insolent envers ses supérieurs.

Il faut même dire que les indigènes maures, arabes, kabyles, qui sont manœuvres, portefaix, canotiers, sont plus polis que beaucoup de crocheteurs français, moins cupides que les facchini italiens, et surtout bien moins impertinents et moins grossiers que la plupart des bateliers, des cochers, des gens de peine et de métier de la Suisse.

Le respect filial est une des qualités communes aux Maures et aux Arabes: chez eux, dans toutes les classes, les enfants montrent un grand respect pour leurs parents. Jamais ils ne s'assiéront devant leur père ou leur frère aîné en présence des étrangers: ils les serviront plutôt eux-mêmes, nonobstant le personnel des serviteurs que renferme la maison, et ils s'abstiendront soigneusement de manger ou de fumer devant eux, alors qu'une personne invitée ou en visite est entrée dans leur demeure.

Ces peuples témoignent beaucoup de respect envers leurs ancêtres, et en général envers les morts. Tandis qu'en Europe, c'est à peine si la plupart des gens connaissent les noms de leurs aïeux au delà de trois ou quatre générations, chez les populations musulmanes au contraire nous voyons des généalogies remonter très-haut, et le souvenir des ancêtres se conserver très-vivant chez leurs arrière-petits-neveux.

Les traditions jouent un grand rôle dans leurs mœurs, et ont presque toutes quelque chose de respectable. Les funérailles qui sont fort simples, se font pourtant avec convenance, et quelquefois avec grandeur. Pendant la marche du cortége qui porte le corps d'un personnage notable au cimetière, les divers marabouts répartis en quatre bandes, font entendre des chants de circonstance, tristes et graves; puis, arrivés au bord de la tombe, ils se livrent à des pratiques du culte musulman, accompagnées par la foule de cette phrase sacrée :

لا اله الا الله ومحمد رسوله

« Dieu seul est Dieu, et Mohammed est son envoyé. »

Les Maures ensevelissent leurs morts couchés et la tête toujours tournée du côté de la Mecque, ce qui fait que les tombes sont toutes dirigées dans le même sens : la partie supérieure est soigneusement recouverte de dalles ou d'une solide maçonnerie en briques. Aucune inscription ne distingue ces tombes : seulement sur beaucoup d'entre elles on trouve un petit godet scellé dans la maçonnerie, ou un léger enfoncement taillé par le ciseau, simple creux circulaire pratiqué sur la tombe et destiné, dans ce pays sec et chaud, à conserver l'eau des pluies pour les petits oiseaux: cet usage étant considéré comme une œuvre pie, doit porter bonheur à la famille du défunt.

A Tunis tous les cimetières sont hors de la ville.

Les mères, les épouses, les sœurs ou les filles des défunts font, certains jours de la semaine, des pèlerinages aux tombeaux de leurs parents. C'est un curieux spectacle que de voir, dispersées dans l'immense cimetière de Sidi-bel-Hassen, ces légions de femmes vêtues de robes bleues, ponceau ou vert-pomme, qui viennent pleurer, ou plutôt se promener au milieu de tous ces monuments funèbres. Lorsque le deuil est récent et l'affliction profonde, la parente du mort arrive huit jours après son enterrement, escortée de ses amies et de ses voisines; elle se livre sur la tombe à des pleurs, des gémissements, des lamentations, et à un désespoir sans bornes; elle s'arrache les cheveux, fait pénétrer ses ongles dans les chairs de sa figure, et s'écrie avec douleur, si elle a perdu un père ou un frère aîné, par exemple: « O toi! qui étais mon meilleur ami! qui me tenais sur tes genoux quand j'étais toute petite! qui me protégeais et me soignais avec tant de bonté! O toi! le compagnon de mes jeux et de mon enfance, pourquoi nous as-tu quittés? pourquoi nous as-tu laissés? Reviens donc au milieu de nous. » Ou si c'est un époux: « O toi! qui faisais tout mon bonheur! mon bien-aimé! Pourquoi es-tu parti? pourquoi m'as-tu abandonnée? Qui me protégera maintenant? qui prendra soin de moi?.... » Ou pour un enfant: « O pauvre petit! cher petit! mon premier-né! depuis que tu m'as quittée, mes yeux se sont fondus en ruisseaux de larmes, mon cœur est déchiré; la douleur a consumé tous mes os; je ne puis vivre sans toi; reviens vers moi, ne me laisse pas pour toujours. » Ces plaintes se répètent, avec toutes les variantes que le chagrin inspire, pendant un temps plus ou moins long, et la malheureuse continue à gémir et à se lamenter en appelant le défunt des noms les plus tendres; ou bien elle pousse des cris déchirants, et se livre à des transports de désespoir, en se mettant la figure en sang. — Pendant ce temps les amies et les voisines, qui ont apporté une collation, prennent des rafraîchissements, tout près de la tombe, et le plus paisiblement du monde. Quand elles ont fini leur repas, et que la femme désolée a essuyé son sang et ses larmes et quitté le cimetière, elles l'accompagnent et la suivent silencieusement jusque chez elle.

Les hommes ont plus d'énergie, et lors même que leur chagrin est profond, ils ne le mettent pas au dehors.

« C'était écrit chez Dieu, » disent-ils avec résignation, d'un ton pénétré, et sans jamais murmurer contre les dispensations divines. Du reste, on le sait, *musulman* veut dire « résigné à la volonté de Dieu. » Cette disposition se retrouve dans toutes les circonstances de la vie du musulman. Ainsi, il y a peu de temps qu'un vaisseau, revenant d'Alexandrie à Tunis, était en danger de périr en pleine mer. Deux Maures de distinction étaient à bord, et jouaient tranquillement aux échecs, lorsque l'un des passagers européens se précipitant dans le salon où ils étaient, leur annonce que tout espoir est perdu et que le bâtiment va faire naufrage. *Allah Kérim*, « Dieu est grand, » lui répondirent-ils, et ils continuèrent leur partie d'échecs. Il ne restait cependant point d'espérance de salut, car le bâtiment se trouvait à vingt lieues des côtes. Toutefois il ne périt pas.

Les intérieurs maures sont impénétrables et sacrés. Jamais personne ne peut y arriver, ni en connaître les détails. Et pourtant quelles scènes émouvantes et mystérieuses s'y passent! Quels drames terribles, quels épisodes étranges, romanesques, et parfois sanglants s'y déroulent !

Les Maures de Tunis se marient à seize ou dix-huit ans, et parfois à quatorze ou quinze ans. Les femmes, depuis l'âge de dix ans.

Les Maures, avant leur mariage, ne doivent pas voir leur fiancée; malgré cela, il leur arrive souvent de l'aimer éperduement sur la description que quelque vieille duègne leur en a faite. Ils se montent la tête, et deviennent amoureux-fous de confiance. Ainsi un Maure passionné pour une fiancée inconnue ou pour une belle qui le captive, entreprendra les choses les plus difficiles, les plus périlleuses et les plus étranges pour lui prouver son amour : il ira lui chercher à des distances considérables une parure, un mouchoir, un fruit qu'elle aura désiré; il s'exposera à mille dangers, car, pour lui plaire, il n'est rien qu'il ne fasse. Par exemple, il se brûlera le plus chevaleresquement du monde à son intention : prenant un *bou-kamsa* (grosse pièce de monnaie ou double piastre), il le fait rougir au feu, se le pose héroïquement sur le bras ou sur le poignet, et se laisse, sans sourciller, brûler les chairs, en disant seulement à celle dont il est épris, qu'elle assiste, voilée ou non, à cette marque d'amour : « Vois-tu comme je t'aime ! »

Plusieurs nobles et riches Maures, malgré la permission du Koran, n'ont jamais épousé qu'une seule femme à laquelle ils consacrent toute leur affection.

Les enfants maures à Tunis ont en général de jolis traits, le teint blanc mat, et des yeux pleins d'intelligence et de vivacité. Leurs jeux sont à peu près les mêmes que ceux des enfants d'Europe. L'un de ceux auxquels ils prennent un très-grand plaisir, est le *golf* ou le *shinty*, ce jeu favori des Highlanders, qu'on est fort surpris de retrouver à une telle distance des montagnes de l'Ecosse.

Chacun connaît la description des bains maures, mais ce qu'on sait moins peut-être, ce sont les procédés employés pendant ce bain de vapeur pour rafraîchir, fortifier ou réchauffer le corps. Voici quelques détails : Avant de prendre un bain chaud, le Maure se fait raser et épiler, puis frictionner la plante des pieds avec une pierre ponce, et enfin masser et lotionner, après quoi il se plonge dans un bassin d'eau tiède, et le massage se renouvelle; cette opération terminée, on emploie un liniment composé de guimauve, de henné et de la feuille du *lotus zizifus*. Pour donner de la fraîcheur, le liniment est composé de feuilles de violettes et de roses; pour donner de la chaleur, il est composé de camomilles et de plantes aromatiques du pays; pour les personnes qui éprouvent de la lassitude, de la faiblesse, ou qui sont sujettes à de fortes transpirations, on fait un mélange de myrte, de bois de sandal, de boutons de rose séchés, de lentilles et de noix de galle. Toutes ces substances sont pilées, puis mélangées avec du vinaigre. Ce liniment a pour vertu de prévenir les rhumes, les faiblesses, les inflammations, la débilité, et bien d'autres maux encore.

Il est certain que les bains de vapeur d'eau salée communs à Tunis sont excellents pour la santé: ils donnent du ton, et fortifient sans échauffer; ils rendent les membres plus souples, l'esprit plus dispos, et le corps plus agile.

Les baigneurs et les propriétaires de bains sont tous Mozabites, c'est-à-dire, originaires d'une grande tribu au Sud de la Régence: on les regarde comme descendant des anciens Gétules, et leur probité, ainsi que leur douceur de caractère, sont devenues proverbiales. Ils émigrent sur tout le littoral de la Berbérie, où ils remplissent diverses professions, et se montrent fort industrieux.

A Tunis les Maures sont divisés en corporations, ayant à leur tête un amine ou syndic. — La plus respectée de ces corporations est tout d'abord celle des personnes consacrées au service du culte musulman; puis celle des notaires et celle des bonnetiers qui forment la haute bourgeoisie. — Les scribes portent comme marque de leur emploi une espèce de cornet, soit étui ou boîte étroite et assez longue pour contenir des plumes, de l'encre et un canif. Cette écritoire se porte accrochée à la ceinture. Les plumes dont ils se servent sont un roseau court et fort, taillé comme les plumes d'oie en Europe, mais plus large et coupé obliquement.

Les Maures dont les ancêtres vinrent d'Espagne, forment encore une espèce de caste à part, qu'on reconnaît aisément à son type andalous. Ils se marient ordinairement entre eux, et se regardent comme formant une espèce d'aristocratie. La plupart conservent soigneusement encore les clés de leurs maisons de Cordoue ou de Grenade, dans lesquelles ils espèrent rentrer un jour.

Parmi les coutumes des indigènes, il faut citer celle qui les empêche d'achever la construction d'une maison quand la personne qui la faisait bâtir vient à mourir, et l'usage qui veut qu'à la pose de la première pierre des fondements, le propriétaire tue un bœuf et le donne aux pauvres.

Les Maures respectent particulièrement le serpent, la cigogne et l'hirondelle qui sont sacrés, et doivent porter bonheur; un serpent dans une maison en fait la fortune.

Les Maures aiment les couleurs vives et éclatantes, cependant leur costume se trouve parfois d'une grande élégance et d'un bon goût parfait.

Voici les noms des diverses pièces de leurs vêtements:

Habillements pour les hommes.

Chéchia, soit fez ou bonnet rouge avec flot de soie bleue.

Alarakia, petit bonnet blanc en calicot pour mettre dessous la chéchia.

Djémala, turban,

Farmela, gilet de dessous.

Sadria, gilet de dessus avec boutons.

Abaïa, veste brodée.

Samla, ceinture.

Séroual, pantalon.

Séroual-dakélani, caleçon.

Tuka, lacet pour attacher le pantalon sur le premier gilet.

Kelasset, bas.

Sebbat, souliers marocains.

Sebbarla, pantoufles de maison.

Rihïéa, petites pantoufles de dessous en peau.

Babra, souliers très-minces à semelles souples.

Besmak, savate sans talon.

Kabkab, socques.

Kaftan, cafetan, grand habit descendant jusqu'aux talons et porté par les tolbas, les scribes.

Zouka, cafetan allant seulement jusqu'aux genoux.

Gefara, petit burnous en laine fine et blanche pour l'été.

Barnus, burnous.

Haïk, grand vêtement en laine et soie, qui se place sous le burnous, et peut envelopper la tête et le corps entier.

Habillements pour les femmes.

Saffaka, mouchoir pour la tête.

Kuffia, espèce de bonnet brodé en or ou en argent, formant queue derrière la tête et descendant jusqu'à la taille.

26

Beskir,	grand et long mouchoir brodé qui enveloppe le menton et le bas du visage, et dont les bouts, noués derrière la tête, tombent jusqu'aux genoux.
Takréta,	mouchoir couvrant le dessus de la tête.
Gandoura,	robe.
Dakéla,	robe de dessous.
Farmla,	veste brodée garnie d'or et d'argent.
Djebba,	robe ordinairement en soie de deux couleurs distinctes.
Séroual,	pantalon garni en or depuis les genoux aux pieds.
Sassari,	haïk de femme.

Selon toutes les probabilités et à quelques exceptions près, le type arabe est celui qui se rapproche le plus, soit au moral, soit au physique, d'un type primitif. Mais on ne peut guère trouver ce type parmi les populations journellement en contact avec les Européens.

L'Arabe pur ne connaît de mesure ni dans l'amour ni dans la haine.

Il est chevaleresque et guerrier, aristocratique et féodal.

Il aime le bruit et la fantasia.

Il est brave et courageux, intrépide et énergique.

Il est ardent et impétueux, mais en même temps sévère, digne et fier.

Il est fidèle à la parole donnée, quoique rempli de ruse, de souplesse et de finesse.

Il est ignorant et paresseux, mais sobre et frugal.

Se contentant de ce qu'il y a de plus simple, de plus ordinaire, et même de plus grossier, il nous montre avec combien peu de chose nous pourrions vivre. De l'eau, du lait, de la mauvaise galette, des fruits et des herbes des champs, un vieux burnous et une tente percée et trouée, suffisent à l'Arabe des douars. Il n'a peut-être jamais vu autre chose ; il se contente de ce qu'il a, sans désirer ce qu'il ne connaît pas, et vit libre et heureux. — Comme le Maure et les autres populations musulmanes, il est rempli d'une résignation sans bornes à la volonté de Dieu, ce qui ajoute singulièrement à sa quiétude et à sa tranquillité d'esprit.

L'Arabe, quoique nomade, est fort attaché au sol qu'il cultive. Les changements de place des douars se font d'une manière périodique, régulière, et chaque année les tribus reparaissent et s'établissent de nouveau, pour un temps plus ou moins long, dans les parages qu'elles avaient quittés l'année d'auparavant.

Le type de la race arabe est beau, noble et majestueux. Ce peuple a les yeux, les cheveux et la barbe noirs, les traits fins, le visage ovale, le corps bien proportionné, svelte, musculeux et robuste, le teint hâlé par un soleil brûlant, tandis que les Maures ont le teint blanc, et sont généralement fort gras. — Les femmes arabes sont petites et plutôt jolies que belles; leur beauté passe vite; mariées à douze ans elles paraissent souvent déjà vieilles à vingt. Les femmes des Arabes nomades, comme aussi et plus particulièrement encore les femmes kabyles, vaquent à leurs travaux quotidiens le visage découvert, et ne prennent guère la peine de se voiler lorsque des étrangers arrivent dans leurs douars. La femme kabyle jouit encore de plus de liberté: elle prend part aux repas de famille, obtient aussi plus de considération, et ressemble assez dans la classe aisée aux bonnes fermières de certaines parties de la France. — Parmi les femmes arabes il s'en trouve de fort jolies. Celles de condition inférieure sont traitées avec bien peu d'égards: c'est ainsi qu'on voit souvent la femme portant le fusil de son mari, et son petit enfant sur le dos, courir après l'Arabe monté lui-même sur un bon cheval.

Les Mauresques de distinction sont d'une grande beauté et se font particulièrement remarquer par la fraîcheur de leur teint, la douceur de leur voix, la vivacité de leurs yeux noirs et expressifs, leur chevelure d'ébène, la régularité de leurs traits et leur physionomie piquante. Leur parure principale consiste en une quantité incroyable de diamants, de perles et de pierres précieuses dont elles se font des colliers énormes. Elles surchargent aussi avec de nombreuses pièces d'or, les tresses de leur chevelure. Les bracelets qu'elles portent aux bras et aux pieds, sont en or ou en argent, et chez les femmes arabes en cuivre et en verrerie. Leurs boucles d'oreilles sont d'une dimension fabuleuse. Elles suspendent à leur ceinture des ornements de tous genres parmi lesquels on remarque de petits miroirs ronds ou ovales, en métal ou en verre, des broches, des agrafes, des chaînettes, des plaquettes, des coraux, des pièces de monnaie, des boîtes de senteur, des pierreries. Le cliquetis que produit tout cet attirail, lorsqu'elles vont et viennent, semble particulièrement leur plaire. Le rouge est leur couleur favorite. Elles se teignent avec du henné les ongles, le bout des doigts et l'intérieur de la main, qui deviennent ainsi couleur orange foncé. — Les femmes de toutes les classes sont d'une extrême coquetterie dans leur parure. — La monotone existence des dames mauresques, presque constamment reléguées dans leurs appartements, n'est guère variée que par les soins qu'elles donnent à leurs enfants, à leurs fils jusqu'à l'âge de sept ans; par quelques occupations domestiques, des pèlerinages aux cimetières, des promenades dans des voitures hermétiquement fermées, le spectacle de danseuses et de chanteuses qu'on fait venir dans le harem, les broderies sur gaze en fil d'or et d'argent, des collations avec leurs amies, les disputes avec leurs rivales, et surtout l'importante affaire de se parer pour plaire à leurs maris.

Les Maures, on le sait, ont l'habitude de fumer, mais les Arabes ne fument guère. L'émir Abd-el-Kader ne fume jamais, et blâme cette coutume comme au moins inutile.

Quelques individus de la ville mangent et fument le *hachich*, mais finissent comme les fumeurs d'opium par s'hébéter et s'abrutir complétement, car lorsqu'on a contracté cette funeste habitude, il est presque impossible de la quitter. Aussi ces malheureux fumeurs de hachich qui se ruinent pour satisfaire leur fatale passion, deviennent à peu près insensibles à tout, excepté aux enivrements mêmes du hachich, à l'odeur des fleurs et au chant des oiseaux.

Le hachich est la feuille d'une espèce de chanvre nommé *takrouri* ou *kif*, que les Orientaux cultivent pour ses propriétés narcotiques. Ils en fument l'extrémité des tiges et des feuilles, et en font des préparations enivrantes. Lorsqu'on en goûte, même seulement un peu, mêlé avec des fruits ou quelque gelée, on s'endort presque immédiatement, et le sommeil dure parfois vingt ou trente heures pendant lesquelles les songes les plus fantastiques, les hallucinations les plus étranges et les sensations les plus extraordinaires vous transportent en dehors des choses du monde réel.

La manière la plus commune d'en faire usage est de le fumer dans des pipes excessivement petites: on le mélange quelquefois avec du tabac. Dans quelques villes d'Afrique les consommateurs de hachich, du moins ceux qui le fument de profession, forment des clubs qui se réunissent le soir pour fumer au son du tamtam, ou pour passer la nuit enivrés par le hachich et le parfum de plantes aux odeurs pénétrantes, et les sens agréablement flattés par le chant continuel de petits oiseaux rassemblés autour d'eux dans des cages, et par la contemplation muette d'une belle personne, magnifiquement parée, dont la figure les captive, et qu'ils paient pour ce genre de représentation. — En été ils recherchent pendant le jour les endroits frais au fond de gorges inaccessibles, et s'y livrent dans une espèce d'extase aux hurlements les plus incroyables. — Il y avait autrefois entre les différents clubs de ces fumeurs de hachich des rivalités telles qu'elles allaient jusqu'à les entraîner à des batailles sanglantes, dans lesquelles l'arme ordinaire était la massue. — Après le hachich, la passion favorite de ces clubs était la chasse au porc-épic, dans laquelle ces malheureux cherchaient à oublier le mépris dont les frappent leurs compatriotes.

L'hospitalité arabe a passé en proverbe et avec raison, car il est de nombreuses contrées où elle s'exerce de la manière la plus touchante et la plus désintéressée.

Un hôte est sacré; et en cette qualité, un Arabe est en sécurité même chez son ennemi le plus acharné. On dit souvent de deux adversaires qui se réconcilient qu'ils ont mangé ensemble le pain et le sel. Chacun connaît le trait de ce chef qui venait de perdre un fils unique qu'il chérissait et qui, voyant arriver des étrangers chez lui, fit taire sa profonde douleur pendant un jour entier pour recevoir plus convenablement et plus dignement ses hôtes auxquels il tint constamment compagnie en leur laissant ignorer son chagrin jusqu'au moment de leur départ, moment qui était aussi fixé pour l'ensevelissement de l'être bien-aimé qu'il avait perdu.

Les musulmans offrent toujours l'hospitalité au nom de Dieu, et l'étranger qui arrive dans les douars arabes y est désigné comme étant « l'hôte de Dieu. » Dans les tribus, celui qui a refusé par avarice l'hospitalité au voyageur est méprisé de tous, et on le regarde du même œil qu'on regarderait en Europe un homme qui aurait subi la prison pour vol, c'est-à-dire, que son honneur est gravement compromis.

Il arrive quelquefois que le touriste européen parti de Tunis pour voyager dans l'intérieur, traverse l'une des nombreuses petites villes de la Régence peuplées uniquement de Maures. Ces derniers, voyant venir un étranger, s'empressent de lui offrir le logement et la nourriture, mais dans leur zèle hospitalier, chacun désirant héberger le voyageur, il s'ensuit des contestations qui se changent quelquefois en disputes réglées, et en batteries souvent meurtrières. L'étranger cause innocente de tout ce tumulte dans le cas où il ne reçoit pas quelque mauvais coup dans la mêlée, promet de revenir une autre fois, afin de consoler les battus, puis il est emmené triomphalement par le vainqueur qui s'empresse de lui faire préparer le couscoussou, et le régale au préalable de fruits secs, de galette, de lait aigre, ou d'un mélange de beurre et de miel, quelquefois d'un agneau rôti tout entier, collation qui se termine par du café maure. Ce café qui se pile dans des mortiers se boit sans sucre avec son marc. Les indigènes en prennent jusqu'à vingt fois différentes dans la journée.

Il arrive aussi dans certaines localités qu'un Européen passant devant un café indigène est invité par des Maures à prendre une tasse de café avec eux. Cette tasse vaut un sou, mais plusieurs Maures à la fois voulant s'empresser de payer la dépense due au *kaouadji*, maître du café, la tasse est mise à l'enchère et monte jusqu'à quinze ou vingt sous, ce qui devient un profit net pour le kaouadji, et une galanterie marquée pour l'étranger en l'honneur duquel l'enchère a lieu.

Au sujet du Couscoussou en voici la recette, venant de l'un des cuisiniers du précédent bey de Tunis.

Recette pour le Couscoussou. — Prendre une certaine quantité de semoule de moyenne grosseur; mettre les deux tiers de cette quantité dans un grand plat rond et creux; jeter légèrement de l'eau froide dessus avec les doigts en faisant tourner la semoule autour du plat avec la paume de la main, et toujours du même côté; battre légèrement la semoule avec la main. Les petites boulettes de semoule de la grosseur d'une tête d'épingle étant formées, il faut les passer dans une passoire; ce qui reste au fond de celle-ci étant trop gros pour être passé, doit être travaillé de nouveau avec le tiers réservé de la semoule fraîche; passer de nouveau avec la passoire; ôter les boulettes trop petites, et faire entrer de force dans le plat et par les trous de la passoire celles qui sont trop grosses. — 2e *Opération:* Faire fondre un morceau de beurre frais, gros comme une noix; le verser sur le couscoussou et travailler avec la main afin que le beurre puisse bien s'imbiber. — 3e *Opération:* Faire cuire à la vapeur d'eau. Le couscoussou est placé sur un tamis ou dans une nouvelle passoire très-fine, exposer ce tamis sur une marmite d'eau bouillante continuant à cuire sur le feu; couvrir avec une grande assiette ou un plat, et entourer les jointures qui se trouvent entre la marmite et le tamis d'un linge humecté très-long et large de deux doigts au moins, pour empêcher la vapeur de s'échapper. Cette cuisson à la vapeur d'eau doit être répétée trois fois avec un intervalle de quelques minutes, pendant lesquelles on bat avec une cuillère et avec les mains en humectant graduellement avec la valeur d'un verre d'eau la première fois, d'un demi-verre la seconde, et d'un quart de verre la troisième; après quoi, le tout est dressé dans un grand plat profond avec un peu de beurre frais, et travaillé de nouveau de telle manière que les boulettes ne puissent s'attacher les unes aux autres. — 4e *Opération:* Le couscoussou ainsi préparé, on dépose le plat sur des cendres chaudes pendant un quart d'heure, et on l'arrose largement de bouillon à deux reprises différentes. Ce bouillon appelé *merga* et qui joue un très-grand rôle dans le couscoussou, doit être composé avec une volaille, un gros morceau de mouton gras, du veau, du bœuf, et d'autres viandes, du gibier même, si l'on veut; puis il doit être assaisonné avec un ognon, du sel, et surtout beaucoup de piment rouge et de poivre noir. On fait cuire aussi dans ce bouillon très-épicé des choux, des carottes, des navets, des artichauts, des ognons, des fèves, des pois; tout cela se place sur le couscoussou, quand il est prêt, avec des quartiers de volailles, des morceaux de mouton cuits à l'étouffée, des œufs durs, etc.

Masfouf, autre sorte de *Couscoussou.* — On prend de la semoule qu'on mouille, et que l'on met dans de la mousseline ou dans une serviette très-fine. Cette semoule doit être cuite au bain-marie, puis passée à travers une passoire et mouillée de nouveau. On la soumet encore quatre fois au bain-marie toujours en la travaillant; la troisième fois on y met du beurre frais, comme au couscoussou ordinaire; la quatrième fois, on y mélange des clous de girofle, des raisins muscats de Corinthe, et des pistaches; la cinquième fois on saupoudre largement de cannelle et de sucre blanc pilé, en arrosant d'eau de fleur d'oranger. Ce plat, qui est très-recherché, se mange chaud et doit être orné de rangées symétriques de pistaches, de grains de grenade, etc. — Il est ordinairement précédé d'une salade d'oranges assaisonnée d'huile, de sel et de poivre, et suivi d'un dessert où l'on trouve entre autres plats un mélange de dattes, de beurre frais et de zestes d'oranges, ou bien des dattes dans lesquelles on a remplacé le noyau par une pistache, des côtes de noix, ou encore des conserves à l'essence de rose ou de jasmin.

Avant et après le repas les serviteurs des riches Maures apportent à leurs maîtres un bassin, une aiguière ou une petite cruche pleine d'eau et un linge pour qu'ils se lavent les mains: à cet effet l'eau est versée petit à petit sur les mains des maîtres par leurs domestiques. — L'Arabe a pour habitude de ne pas mélanger les aliments. Quant au couscoussou, quelquefois ce plat national reçoit une addition de miel ou de sucre, de beurre plus ou moins frais, et autres ingrédients qui exigent beaucoup de courage chez les personnes peu habituées à ce genre d'amalgame et que la politesse oblige à accepter de pareils régals. — La cuisine maure compte un grand nombre de petits plats très-recherchés et fort délicats, mais excessivement épicés.

Les Maures ont l'habitude de prendre leur repas au milieu du jour, et le soir vers neuf ou dix heures.

Souvent après un repas de cérémonie, les serviteurs répandent sur les mains des invités des essences de roses ou d'autres parfums.

Dans les rues de Tunis, on voit constamment des petits marchands maures ou israélites, qui colportent et vendent des crêpes, des beignets ou autres pâtisseries et sucreries, aux formes et aux couleurs les plus variées.

L'Arabe ne boit qu'une fois, à la fin du repas: quand il a fini, chaque convive lui dit « *Sâha* » par forme de politesse, à quoi il répond pour remercier, « *Selmek.* » Jamais un Arabe n'observe son voisin quand il mange, ce serait de mauvais ton, il laisse à chacun des convives la liberté de faire comme il l'entend; cependant il excitera son hôte à manger, et d'une manière pressante, si celui-ci lui paraît faire peu d'honneur à son festin. — Il est toujours impoli de refuser une invitation à diner, une collation, ou un présent. Le repas qu'on offre à un voyageur en passage dans un douar, se nomme la *diffa.*

On sait qu'en pays musulman les fous sont regardés comme des personnages sacrés. Non-seulement on les respecte, mais encore on considère comme un privilége de leur donner l'hospitalité et de leur offrir des présents: plus leur esprit est dérangé, plus la vénération qu'ils inspirent est grande. — Il y a peu de temps qu'un savant naturaliste allemand débarqua à Tunis. Tout occupé de science, il avait conservé le costume des universités allemandes, le frac et le pantalon noirs, la cravate blanche, le chapeau en tuyau de cheminée. Dans ce costume un peu excentrique, il se mit à parcourir la Régence; il la traversa tout entière, et passa au travers de tribus que le prince même de Tunis a de la peine à tenir sous sa dépendance, sans être en aucune façon inquiété, tracassé, volé ou maltraité. Bien au contraire, partout on s'empressa de lui offrir l'hospitalité et on lui fit toutes sortes d'honneurs; les indigènes non-seulement l'aidèrent dans ses recherches scientifiques, mais empressés à lui être agréables, ils lui apportaient des arbres énormes arrachés de terre à son intention. Ils l'avaient pris pour un fou à la vue de son costume, jamais pareil accoutrement n'ayant paru si proche du Désert, car les Européens appelés à voyager dans l'intérieur adoptent une partie du costume arabe.

Une autre fois, un géologue qui parcourait le pays fut attaqué par des voleurs qui commençaient à le dépouiller le plus rudement et le plus impitoyablement du monde, quand, apercevant son sac de minéraux qu'il serrait précieusement contre lui et qu'il cherchait à dérober à la vue des larrons, ceux-ci se précipitèrent dessus dans la pensée qu'il contenait au moins des valeurs monnayées. Mais, lorsqu'ils virent que c'étaient des cailloux de couleurs et de variétés différentes, ne doutant pas que leur victime n'eût l'esprit dérangé, et saisis à la fois de crainte, de repentir et de respect, ils se jetèrent à ses pieds, baisèrent ses genoux, lui rendirent tout ce qu'ils lui avaient pris, et se sauvèrent au plus vite, honteux et tout éperdus, laissant le géologue dans la plus grande stupéfaction.

Tous les Musulmans se déchaussent avant d'entrer dans une mosquée. Oter ses souliers et ses pantoufles, est une marque de déférence et de respect qui a également lieu, soit dans la maison d'un supérieur, soit dans tout endroit vénéré, comme, par exemple, l'emplacement où l'on fait une prière, la demeure d'un saint marabout, le lieu où il a été enseveli. C'est aussi un usage exigé par la politesse dans les réunions, les visites, les cafés, les salons.

Le Koran ordonne de faire des ablutions journalières, particulièrement avant les moments destinés à la prière. Il y a les grandes et les petites ablutions. Dans le cas où l'on manque d'eau, un sable fin et pur doit la remplacer.

Les prières qui sont ordinairement la récitation d'un chapitre du Koran, se font avec une grande dévotion. L'habitant des campagnes surtout, est rigide observateur des formes, et en quelque lieu et devant quelque personne qu'il se trouve, il ne négligera point, surtout à la prière du coucher du soleil (salat el mogreb), de se prosterner à plusieurs reprises du côté de la Mecque. A cet égard la fausse honte n'a pas d'empire sur lui. — Comme le Maure habite la ville, il se rend à la mosquée pour l'adoration et la prière.

Les salutations musulmanes sont toujours graves ou religieuses, en même temps qu'elles ont quelque chose d'expressif et d'affectueux.

La phrase habituelle est celle-ci:

السلام عليك

Esselame aleyk. « Le salut soit sur toi ! »

Et l'on répond :

وعليك السلام

Oualeyk esselâme. « Sur toi soit le salut ! »

En s'adressant à plusieurs personnes on dit :

وعليكم السلام

Aleykome essalame. « Sur vous soit le salut ! »

On dit encore comme formules de politesse :

صباح الخير

Sbâh elpreirr. « Que ton matin soit heureux ! » pour Bonjour.

مسا الخير

Missâ elpreirr. « Que ton soir soit heureux ! » pour Bonsoir.

الله يكون معك

Allah ykoune maàk. « Dieu soit avec vous ! »

رحمك الله

Raâmek Allah. « Dieu t'accorde sa miséricorde ! »

Et pour prendre congé :

بسلامة

Bslâmà. « Je vous souhaite la santé. »

بلامان

Bilamâne. « La paix soit avec vous ! »

Il y a, en outre, une multitude d'autres salutations également empreintes du même cachet religieux, et qui se conservent dans toute leur pureté. En Europe, au contraire, il a fallu changer « A Dieu » par « Adieu, » et « Je vous souhaite le salut » par « Je vous salue » ou « *God be with you* » par « *Good bye.* »

Souvent, dans une visite, lorsque deux amis ont épuisé tous les sujets de conversation, pour ne pas rester silencieux l'un vis-à-vis de l'autre ils s'empressent, subitement, de se demander réciproquement des nouvelles de leur santé, et de se répéter à plusieurs reprises, et le plus sérieusement du monde :

D. « Comment es-tu? » — *R.* « Comment te portes-tu? »

ويش انت * ويش حالك

Wasch hâlek? — Wasch enta?

La conversation recommence sur un sujet ou sur un autre, une fois ce petit dialogue fini, jusqu'à ce qu'il se renouvelle avec la même gravité affectueuse, mais sans plus de réponse que la première fois.

Deux Maures qui se rencontrent mettent la main sur leur cœur en s'inclinant. Deux Arabes s'embrassent sur la figure, ou, s'ils ne sont pas intimes, se touchent légèrement la main, et chacun se baise ensuite l'index. L'inférieur baise la main de son supérieur, sa manche, le bord de son vêtement ou même ses genoux et ses pieds; il se borne à s'incliner en croisant les mains sur sa poitrine, si ce supérieur est à la tête d'un cortége. — Le Musulman tient énormément aux formules d'urbanité et de politesse. La courtoisie du Maure est un peu trop cérémonieuse. Les Européens qui séjournent en Orient en prennent parfois quelque chose. — Pour l'Arabe, quoique très-digne dans ses manières, il est obséquieux et flatteur.

En arabe Monsieur se traduit par *Cid, Seïd*, Seigneur ou *Sidi*, mon Seigneur, et par *Si*, qui est une abréviation; cette expression est exclusivement appliquée aux musulmans.

A Tunis, les indigènes donnent le titre de *Arfi*, Maître, Professeur, aux Européens d'un certain rang, et celui de *Caïd* aux Israélites employés dans le gouvernement.

En Turquie Monsieur se traduit généralement par *Effendi*.

Voici quelques-uns des noms propres les plus usités parmi les indigènes.

Noms de Femmes.

Fatma (victorieuse), Aïcha (vie), Mabouba (bien-aimée), Zénina (petit jardin), Mériem ou Mariam (Marie), Zéïnab (Zénobie), Néfa, Kadousa, Kaboura, Zénétra, Founa, Aïoucka, Manéna, Zora, Safia, Hafsa, Asia, Amina, Habiba, Kadija, Kétura, etc.

Noms d'Hommes.

Mohammed (glorifié), Mansour (victorieux), Mimoun (véridique), Amour (vie), Saïd (puissant), Ahmed (glorieux), Hassen (beau), Salah (vertueux), Tahar (pur), Mamoun (fidèle), Salem (sauvé ou paisible), Brahim (Abraham), Abd-el-Kader (serviteur du Puissant), Abdallah (serviteur de Dieu), Abderrhaman (serviteur du Clément), Abd-el-rahim (serviteur du Miséricordieux), Mustpha, Ismaël, Akmet, Omar, Ali, Othman, Hussein, Mahmoud, Moussa, Osman, Messaoud, Manani, Slimane, Bel-Cassem, Hamza, Moula, Okba, Kadour, Kacim, Tahir, Nadir, Youcef, Zamoum, Larbi, etc.

L'Arabe aime l'argent. Il est avare et cupide. Souvent il amasse des valeurs en numéraire pour les cacher dans des silos que lui seul connaît. Il ne fait pas valoir sa fortune, et s'il entasse ce n'est pas pour jouir. Le Maure, au contraire, aime en général le luxe: sa fortune consiste plutôt en pierreries, et son revenu vient de la petite boutique où il fait le négoce et vend sa marchandise. Semblable au paysan du Nord de la Hollande, s'il ne met pas comme celui-ci son luxe en cafetières et en théières d'or ou d'argent, et en quatre ou cinq douzaines de tasses de porcelaine du Japon, dont on ne se sert jamais, il renferme soigneusement dans des armoires et des bahuts ses joyaux et ses bijoux, qui sont sa richesse mais ne lui rapportent rien du tout. Chez l'Arabe l'ostentation met un frein à la passion d'accumuler. Tout en recherchant le gain et les gros profits, il ne sait pas, malgré l'esprit de ruse et de finesse dont il est doué, semer pour récolter ou donner pour recueillir.

Quoique chez le bas peuple le larcin ait presque passé en usage, il est rare cependant qu'on dérobe des objets d'une certaine importance.

Le langage de l'Arabe est rempli d'expressions pittoresques; il aime à revêtir sa pensée de formes allégoriques.— Quelqu'un qui fait un discours sérieux ou qui veut certifier un fait important, commence ordinairement son récit par ces mots: « En vérité, en vérité, je vous dis, » etc. — Celui qui veut narrer un conte commence par: « Il y avait autrefois, » etc. — « Je vais où Dieu me mène, » répondait une pauvre femme dont le fils était mourant et qui n'ayant pu supporter le spectacle de l'agonie de son enfant, parcourait les ruès en poussant des sanglots déchirants.

Les Arabes aiment beaucoup *chanter la fantasia.* C'est un usage particulier aux jeunes gens: lorsque deux d'entre eux voyagent de compagnie ils charment la longueur du chemin en chantant tour à tour sur un rhythme donné et en s'entre-répondant, tel ou tel poème arabe où sont exaltées les qualités d'un noble coursier, les émotions de la guerre ou la beauté d'une jeune fille, avec toutes les comparaisons fines et pleines d'imagination de la poésie orientale. Quand le poème est fini, ils continuent en improvisant: l'un dit une courte phrase sur l'air de la chanson, puis s'arrête, l'autre reprend, et ainsi de suite pendant des heures entières.

Avec l'Arabe de la classe inférieure celui qui se montre fier, énergique, fort et courageux est toujours sûr d'être respecté et estimé; celui qui est modeste, bon, doux et tranquille risque fort d'être méprisé. Les coups de bâton deviennent même parfois une nécessité, car en aucune occasion il ne faut reculer. Celui qui se montre généreux, après avoir prouvé sa force, atteint à l'apogée de l'estime et de la considération.

L'Arabe aime la justice expéditive, lors même qu'elle est à son détriment. Dans les localités éloignées de la capitale, les caïds, cheiks et autres chefs, devant lesquels sont portées les plaintes, les discussions, les querelles, jugent sans appel et le plus souvent imposent des amendes aux coupables.

Le souvenir du bey Hammouda-Pacha est resté très-vivant parmi les populations tunisiennes à cause de sa grande perspicacité et de la manière habile dont il rendait la justice; en voici quelques exemples:

Un Maure avait perdu une bourse contenant vingt pièces d'or. Un homme riche généralement estimé pour sa probité l'ayant trouvée, la lui reporta aussitôt, mais le Maure croyant l'occasion favorable pour se procurer un gain illicite, soutint que la bourse perdue contenait non pas vingt pièces d'or, mais cent. Une querelle s'engagea et le différend fut porté devant le bey. Celui-ci un instant embarrassé, demanda à voir la bourse et eut l'idée de faire apporter cent pièces d'or pour les placer dedans. Mais la bourse n'en ayant pu recevoir qu'environ cinquante, le bey qui découvrit ainsi la tromperie, la donna à celui qui l'avait trouvée. Quant au Maure qui avait réclamé ce qui ne lui était pas dû, il lui défendit de jamais reparaître à l'avenir devant son tribunal.

Deux Arabes de la campagne ayant trouvé une vache égarée et nul ne s'étant présenté pour la réclamer, chacun d'eux voulut s'arroger un droit exclusif sur l'animal. Il s'ensuivit une contestation, et plainte fut portée devant le bey qui engagea vainement les deux prétendants à s'arranger à l'amiable. N'ayant pu y réussir malgré tous ses efforts, il déclara que tout bien sans propriétaire légalement reconnu lui appartenait : qu'en conséquence, il garderait la vache jusqu'à ce que son légitime propriétaire vînt la réclamer; mais que, le cas échéant, celui-ci pouvait compter de recevoir une bonne bastonnade pour lui apprendre à être aussi négligent à garder ses troupeaux.

Une autre fois, un Maure qui gardait l'une des portes du palais voulut en interdire l'entrée à l'un des médecins français du bey, et l'insulta de la manière la plus violente. Tout en exaltant son souverain et son pays, il alla jusqu'à dire quelques paroles inconvenantes sur l'empereur Napoléon Ier qui était pourtant regardé comme le plus grand potentat du monde. Le bey ayant entendu le bruit de la dispute, fit comparaître devant lui le portier et le médecin pour les interroger; le premier croyant flatter son prince, lui répéta les louanges qu'il avait faites de sa personne et ses sarcasmes contre la France et l'Empereur, mais il ne reçut pour récompense que cent coups de bastonnade administrés sur le champ et une condamnation à six ans de galères.

Avant le règne de Hammouda-Pacha les criminels avaient l'habitude de se réfugier dans certaines mosquées qui étaient inviolables. Ne pouvant pas changer cet usage qui est fort ancien et regardé comme sacré, le bey imagina chaque fois que pareil fait se présentait, d'envoyer des maçons à la mosquée avec l'ordre de murer les portes et les fenêtres, en laissant seulement une très-petite ouverture, par laquelle le patient, pressé par la faim et la soif, ne tardait pas à demander lui-même sa comparution devant le tribunal du bey.

Les Kabyles sont un peuple entièrement distinct des Maures et des Arabes. Ce sont les habitants des montagnes du Nord de l'Afrique, race unique répandue sur une très-grande surface de pays, et vivant depuis des siècles d'une vie spéciale. Le Maroc a ses Kabylies et ses Kabyles ou Chaouras; l'Algérie a sa Grande Kabylie, soit Kabylie du Djurjura (*Mons Ferratus* des Romains), et sa petite Kabylie où commande le fameux chef Bou-Accas-ben-Achour. Tunis a aussi sa Kabylie qui s'étend dans la direction de Bizerte et du Kef, comme elle a ses Kabyles ou Djébélias (montagnards, de Djébel, montagne) qui sont appelés également Zouaouas. — Les diverses Kabylies n'ont aucun lien politique entre elles.

Les Djébélias, soumis aux princes de Tunis et fixés dans les grands villages de leurs vallées, habitent des maisons grossièrement construites en pierres ou en briques et couvertes en chaume, en branchage ou en tuiles. Ils sont cultivateurs, s'occupent du jardinage, aménagent leurs eaux, s'entourent de haies vives et mortes, plantent, greffent, sèment et récoltent avec activité, industrie, énergie. Dans leurs montagnes, les Kabyles ont des moulins à huile, des fabriques de savon, de poterie, d'objets en bois, des tuileries, des fours à chaux, des métiers à tisser; ils fabriquent des armes, des instruments aratoires et tout ce qui constitue les vêtements. Un certain nombre d'entre eux viennent à Tunis travailler comme maçons, manœuvres, charpentiers, pâtres, jardiniers; lorsqu'ils ont laborieusement gagné un peu d'argent, ils retournent dans leurs montagnes où ils achètent un coin de terre, se bâtissent une maison, et se marient.

Le Kabyle ne ment pas, il garde avec soin la parole jurée; il accorde l'hospitalité comme l'Arabe, mais avec moins d'ostentation; il est généreux envers les pauvres, il a plus d'orgueil que de vanité; il est belliqueux et fier, il pousse très-loin sa vengeance qui est toujours sanglante; il prête son argent à intérêt, ce que l'Arabe ne fait jamais; il a plus de franchise et de droiture que ce dernier; il est simple dans ses goûts, mais il aime la danse et la musique. Il a l'habitude de se tatouer et le plus ordinairement par une très-petite croix au milieu du front.

La physionomie de ces rudes montagnards est très-différente de celle de l'Arabe, et leur type de figure se rapproche de celui des hommes du Nord.

Les Kabyles de certaines parties du Mogreb ont des traditions à eux, des statuts et des règles particulières en dehors du Koran, qu'ils observent scrupuleusement.

Le Kabyle tient énormément à son *anaya*. L'anaya est

une espèce de sauf-conduit qui doit recommander le voyageur qui le possède auprès de tous les amis du Kabyle qui l'a donné et assurer aide et protection. — Ce genre de passeport, qui est sacré, ne s'accorde pas à tout le monde; il consiste soit en un certificat écrit, soit en quelque objet bien connu pour avoir appartenu à celui qui l'a octroyé. Son importance varie suivant le rang de ce dernier et suivant la considération et le crédit dont il jouit dans sa tribu et dans les tribus voisines.

Quoique les Kabyles diffèrent les uns des autres sur bien des points, ils sont en général d'accord pour détester les Arabes qui les détestent à leur tour.

Il y a pourtant un proverbe répandu dans l'Afrique septentrionale et qui est commun aux deux peuples, c'est celui-ci: « Ne fais jamais de mal aux prêtres, aux médecins et aux meuniers, en aucune circonstance, et quelle que soit leur religion ou leur nationalité. »

On voit que les populations du Nord de l'Afrique diffèrent beaucoup les unes des autres. Pendant trop longtemps elles ont été confondues. Il faut même ajouter au sujet des Maures que quelques historiens en distinguent trois différentes espèces, dont les noms n'auraient pas toujours désigné le même peuple: 1° les habitants des Mauritanies appelés Maures par les anciens Romains. Ces premiers Mores sont à proprement parler les Berbères et les ancêtres des Kabyles. Par extension les peuples du désert qui étaient noirs, ont parfois été nommés Mores, comme dans le livre du prophète Jérémie, chapitre treizième. 2° Au moyen âge on ressuscite le nom de Maures pour les Arabes qui passent en Espagne (et qu'en France et en Italie on nomme Sarrasins) mais qui sont parfaitement distincts des anciens habitants des Mauritanies. 3° Enfin on a appliqué le nom de Maures, dans les temps modernes, aux populations qui, n'étant pas nomades, habitent les villes du littoral africain. Mais, à l'exception de Tunis et de quelques autres cités du Mogreb, les Maures actuels ne descendent guère des conquérants musulmans de l'Espagne, ou tout au moins ils sont mélangés avec un nombre considérable d'Européens, d'Asiatiques, de Turcs, de Kouloughs.

Les Maures sont aussi appelés Hadars par opposition aux Berranis, qui sont l'ensemble des Biskris, Mozabites, Sahariens, Kabyles, Laghouatis et Tripolitains qui se trouvent momentanément dans les villes pour l'exercice de quelque profession, et qui ne forment qu'une population flottante.

Le mot de Bédouin n'est plus guère employé: il désignait les populations arabes habitant près du Désert, plus rudes et plus grossières que celles qui se trouvent rapprochées des centres de population.

Il faut ajouter au sujet des Arabes, de ces populations qui demeurent les mêmes depuis plus de trois mille ans, que la connaissance de leurs mœurs, de leurs usages, de leurs coutumes est bien propre à affermir la foi, et à jeter des jours lumineux sur le langage des Saintes-Ecritures, surtout de l'Ancien Testament, dont on ne peut guère parfaitement comprendre ou saisir tous les détails sans un séjour au milieu des Arabes, qui ont conservé le genre et la manière de vivre de leurs ancêtres.

COUTUMES ET SUPERSTITIONS

DES JUIFS DE TUNIS.

Près de quarante mille Juifs habitent la ville de Tunis. Une grande partie d'entre eux descendent probablement des Juifs qui se fixèrent en Afrique après la destruction de Jérusalem par Titus; cependant la plupart n'y arrivèrent que sous le règne de l'empereur Adrien. Dans les XIVe et XVe siècles eut lieu une troisième immigration, lors des persécutions exercées par les Espagnols contre ce malheureux peuple.

Les Musulmans montrèrent plus d'humanité que les Chrétiens à l'égard des Juifs; toutefois, les Turcs les soumirent à mille vexations, et les chargèrent d'impôts arbitraires. Avant le règne d'Ackmed-Bey qui les émancipa, ils étaient forcés de porter un costume particulier. Actuellement ils se distinguent encore des Maures par leur costume, leur type de physionomie, et surtout par leur activité commerciale, leur cupidité, et leur poltronnerie qui est passée en proverbe.

Ils exploitent tous les genres d'industrie et toutes les branches du commerce. La haute classe, composée principalement de Juifs livournais établis à Tunis, fait la banque, le négoce, ou exerce la profession de courtiers; la classe moyenne ou inférieure se livre à la broderie des tissus, et aux professions de tailleurs, cordonniers, merciers, passementiers, épiciers, pelletiers et usuriers.

Toujours prêts à accepter une domination quelconque, on ne peut leur reprocher aucun esprit d'insubordination ou de révolte, mais ils sont en général lâches, craintifs et pusillanimes au dernier point. C'est à Tunis, au Maroc et en Algérie qu'on peut voir particulièrement l'accomplissement de cette prophétie des Saintes-Ecritures : « L'Eternel leur a donné un cœur tremblant, » et la vérité de cette définition de Byron qui les appelle « des hommes au cœur faible et peureux. » L'Ecriture dit que leur avarice et leur cupidité sera une des causes de l'opprobre dont on les poursuivra, et ailleurs « qu'ils prêteront, mais qu'on ne leur prêtera pas. » Ces prophéties sont comme réalisées à la lettre dans les Etats du Nord de l'Afrique. Quoique les Juifs de Tunis soient riches, ils sont avares, ils aiment à se faire passer pour très-pauvres, et sont d'une avidité extraordinaire. Ils sont en général adroits, fins, rusés, intelligents, mais en même temps l'objet du mépris des Maures, des Arabes et des Chrétiens.

Ils étaient anciennement rançonnés, maltraités, insultés et même spoliés, mais ils trafiquent aujourd'hui avec une entière sécurité, et ils prêtent leur argent à des taux usuraires exorbitants.

Les Juifs ont un quartier à eux dans la ville de Tunis et

ne peuvent habiter ailleurs ; ils ont plusieurs synagogues, onze grands-rabbins et trois vice-rabbins. Ils observent strictement leurs fêtes religieuses.

Celle des Tabernacles, instituée en mémoire du voyage dans le désert, a lieu en automne après les récoltes: pendant sept jours les Israélites quittent leurs maisons et s'établissent pour prendre leur repas et pour dormir sous des tentes de feuillage, qu'ils dressent dans leurs cours, ou sur leurs toits. Pendant ce temps-là ils mangent ce qu'ils ont de meilleur, et invitent à leurs festins tout étranger qui entre chez eux.

Pendant la fête de Pentecôte ou des moissons, qui dure deux jours, et qui est un temps de réjouissances, l'usage est resté de faire des gâteaux de fine fleur de farine. — Pendant celle des Propitiations, les Juifs observent le jeûne, et profitent du temps de cette solennité pour se réconcilier avec ceux de leurs coreligionnaires qu'ils pourraient avoir offensés. — La fête de Pâques se célèbre d'une manière très-solennelle, et à peu près telle qu'elle a été établie il y a plus de trois mille ans.

A Tunis, l'ardent désir de beaucoup d'Israélites est de retourner à Jérusalem: chaque année un certain nombre de pèlerins juifs partent de la Régence, et font à pied, par Tripoli, l'Egypte et les Déserts, un voyage extrêmement pénible pour revoir la terre qu'ils considèrent comme leur patrie. Les vieillards meurent presque tous avant d'arriver, et beaucoup d'autres pèlerins ne reviennent jamais en

Afrique. — Ceux qui ont quelque fortune prennent la voie de mer et s'embarquent à Tunis pour la Palestine. Il y a peu d'années que quelques-uns d'entre eux ayant pris passage sur un vaisseau grec ou italien pour se faire transporter en Judée, le capitaine du bateau, après les avoir entièrement dépouillés, les abandonna sur une petite île déserte de l'Archipel.

Pendant leurs fêtes religieuses les Juifs d'Afrique ne font aucun travail, et ferment hermétiquement leurs boutiques. – Ils sont aussi fort scrupuleux pour le sabbat. Les négociants chrétiens de Tunis, qui ont tous des courtiers juifs, appelés *censaux*, attachés à leurs maisons, ne peuvent faire aucune affaire le samedi, un *censal* ne voulant pas travailler ce jour-là. Aussi le samedi est-il ordinairement consacré à la chasse par les négociants chrétiens.

Quant aux coutumes religieuses des Israélites qui ont été instituées, soit par le Talmud, soit par les traditions rabbiniques, soit par l'usage, elles sont tellement absurdes, ridicules, minutieuses et frivoles, qu'on a peine à croire que des êtres doués de quelque bon sens et de quelque raison puissent s'y soumettre, et l'on reconnaît la vérité de la prophétie qui annonce qu'ils seront frappés d'aveuglement. Les cérémonies de leurs mariages par exemple, qui durent huit jours, sont remplies de détails exécutés avec beaucoup de soins, d'exactitude et de sérieux.

En voici quelques-uns :

Quinze jours avant le mariage, le fiancé envoie à sa fiancée des souliers brodés, des parfums, du savon, du henné, du koheul et autres choses semblables. Une semaine après que les présents ont été reçus par la fiancée, celle-ci se rend au bain avec ses amies et une vieille duègne de sa famille, la musique sacrée l'accompagne, et tout se fait avec un certain apparat. La fiancée ne parle pas, et se laisse parer sans faire aucun mouvement. On oint d'abord ses cheveux avec une espèce de cirage destiné à les rendre noirs et brillants. On met sur sa figure une sorte de pâte épilatoire qui, en séchant, tombe et enlève le duvet des lèvres et des joues. On lui peint les cils et l'intérieur des paupières avec du koheul qui donne tant d'éclat aux yeux. On teint ses ongles couleur brun-rouge avec du henné. On la revêt de riches vêtements, et pendant huit jours sa famille ne s'occupe que de la faire paraître avec le plus d'éclat possible.

Une semaine se passe encore, au bout de laquelle le futur arrive accompagné de tous ses amis, un Samedi matin, dans la maison de sa fiancée. Celle-ci a eu soin de faire cuire une poule, et l'a cachée dans quelque endroit secret de la maison de son père. Le fiancé et ses amis doivent la trouver, et se répandent par toute la maison. Celui qui a le bonheur de découvrir la poule, doit infailliblement se marier dans le courant de l'année.

Le Dimanche et le Lundi suivants on prépare les atours de l'épouse, savoir des toilettes d'étoffes et de couleurs très-voyantes; on dispose avec soin la plus grande salle de la maison pour les cérémonies des jours suivants, on fait les invitations, et l'on régale les amies et les parentes de la jeune fille, qui elle-même ne prend part à rien, et reste presque à l'état d'automate pendant tout le temps des fêtes de ses noces.

Le Mardi soir, la fiancée, ayant la tête surmontée d'une énorme coiffure et d'une couronne, est placée sur une espèce de chaire, ou grand fauteuil élevé de quelques pieds au-dessus du sol. Là, entourée de ses amies toutes revêtues de riches costumes, on l'affuble elle-même d'étoffes d'or ou d'argent, on la voile, et on lui met de nouveau du henné aux doigts et aux pieds. Puis le futur arrive avec ses parents et ses amis. A ce moment une personne âgée de la famille de l'épouse prend la parole, et se met à vanter pendant plusieurs heures et devant toute l'assistance les talents de l'épouse, ses qualités, ses grâces et sa beauté. « Voyez quels beaux doigts! Voyez quel beau bras! Voyez quelle belle main! » Puis, découvrant par degrés la figure: « Voyez quel beau front! voyez quels beaux yeux! voyez quel joli nez! voyez quelle charmante bouche! » Lorsqu'elle a tout passé en revue, elle s'écrie: « Eh bien! tout cela n'est rien en comparaison de sa voix, de sa sagesse, de ses qualités, de ses talents, de ses vertus, » qu'elle décline également l'une après l'autre. Ce *grabeautage* fini, on descend la fiancée de sa chaire et on enlève complétement son voile. A ce moment son époux l'embrasse, et lui met une pièce d'or dans la main. Les parents des deux côtés suivent cet exemple, et appliquent des pièces d'or ou d'argent, sur la figure de la fiancée, qui sur le front, qui sur les joues, qui sur le nez, le menton. . . . . Une amie reçoit ces présents qui tombent dans un grand bassin placé sous la tête de la fiancée, laquelle doit demeurer immobile dans ce moment-là, comme du reste toute la journée du Mardi. Puis elle est replacée dans la chaire, et après quelques autres détails minutieux, l'époux retourne chez lui avec ses parents et ses amis.

Le Mercredi matin qui est le jour de la plus grande cérémonie, le fiancé se fait raser la tête, et se plonge sept fois dans l'eau froide, suivant les traditions rabbiniques; après quoi il se coiffe, se revêt de ses plus riches habits, et se rend dans la maison de son futur beau-père avec sa famille, ses amis et deux rabbins. On place les deux fiancés assis l'un à côté de l'autre sur une espèce de trône, puis on les couvre d'un grand voile qui est posé sur leur tête. Un des rabbins prend des mains de l'un des parents âgés un verre contenant du vin, puis il prononce les paroles sacramentelles en usage dans les mariages israélites: « Béni soit le nom du Dieu Tout-Puissant qui a créé le fruit de la vigne! — Béni soit le nom du Dieu Tout-Puissant qui a créé l'homme dès le commencement, et qui voyant qu'il était bon de lui donner une compagne, nous a engagés à nous unir à une femme de notre nation! »

Après ces paroles le rabbin goûte le vin, et présente le verre à l'époux qui, après avoir bu, fait goûter aussi le vin à son épouse; puis, le verre est jeté contre la muraille où il se brise, en même temps que ces paroles sacrées sont prononcées: « Si je t'oublie, ô Jérusalem! que ma droite s'oublie elle-même! » Alors le mari passe au doigt de sa femme un anneau d'or, et lui prenant la main droite, il lui dit: « Tu es ma femme, suivant la loi de Moïse et d'Israël. »

Aussitôt la musique sacrée se fait entendre, et un grand repas ayant été préparé dans la maison de la mariée, les parents et les amis des deux familles y assistent, à l'exception de l'époux qui s'en va seul et retourne chez lui.

C'est la cérémonie de l'anneau qui décide du mariage. Il arrive parfois que l'épouse a été fiancée à contre-cœur, et qu'elle aime quelqu'un d'autre, qui de son côté lui est attaché. Les deux amoureux alors se donnent le mot, et au moment où le verre est cassé, le Mercredi, le rival qui s'est glissé parmi les amis de l'époux dans la maison de la mariée, et s'est muni d'un anneau d'or, se précipite sur la fiancée, et lui passe sa bague au doigt, avant que le fiancé ait eu de son côté le temps de le faire. Dès lors les deux amants sont irrévocablement mariés par ce seul fait, et l'infortuné époux qui en est pour ses frais se retire tout sot, sans oser même proférer une parole de murmure. — Mais lorsque la noce n'a point été ainsi troublée, les parents de l'époux qui ont pris part au festin chez la mariée, après l'avoir replacée dans sa chaire, se retirent pour revenir à neuf ou dix heures du soir, escortés de chanteurs religieux, et munis de flambeaux. Alors un parent âgé du mari prend la main de l'épouse, qui, entourée des siens, est demeurée immobile et les yeux fermés, il la fait descendre de son piédestal aux acclamations des assistants; puis en lui donnant le bras, ou plutôt en la soutenant avec un autre parent par-dessous les bras, et quelquefois avec un troisième qui lui soutient la tête, ils la font marcher jusqu'à la maison de son mari, en l'escortant de cette façon pendant tout le trajet. Mais la mariée, pour montrer tout son regret de quitter sa famille dont elle vient de prendre congé, et par un esprit de pudeur et de délicatesse voulu par l'usage, fait trois pas en avant, puis deux en arrière, de façon qu'elle emploie souvent une heure ou deux pour parcourir une seule rue. Plus elle met de temps, plus on chante ses louanges, et, si elle demeure trois ou quatre heures en route, elle est considérée comme un modèle de sagesse.

Pendant cette longue promenade, les amis de l'époux portent les flambeaux en marchant à reculons devant la mariée, les musiciens et les chanteurs jouent et chantent, les invités et les parents se livrent au plaisir de la conversation ou prennent des rafraîchissements, et les curieux qui sont toujours nombreux, rient et causent de l'étrange spectacle qu'ils ont devant les yeux.

Enfin le cortége arrive devant la maison nuptiale où le mari attend son épouse. — Aussitôt qu'elle a franchi le seuil, il cherche à lui marcher sur le pied. L'épouse, sortant enfin de son état de prostration et de quasi-immobilité évite de son mieux cette partie de la cérémonie, et tâche de son côté de marcher sur le pied de son mari. Ceci s'exécute comme tout le reste avec un grand sang-froid et un profond sérieux.

Le Jeudi matin, le nouveau marié se rend seul à la synagogue, car à Tunis les femmes n'y sont pas admises.

Le Vendredi il y a encore d'autres cérémonies.

Une semaine après, les mariés invitent chez eux leurs amis et leurs amies. La mariée qui a quitté ses atours, a revêtu un tablier pour montrer qu'elle est devenue bonne femme de ménage. Puis on apporte un poisson cru, dans la bouche duquel on a introduit un clou ou un morceau de fer. On donne un bon couteau à l'épouse, et un mauvais à l'époux: la première doit couper la queue du poisson, et le second la tête. L'épouse réussit facilement dans son opération, et se sauve lestement avec ses amies en se moquant de son mari qui, entravé par le morceau de fer et par le mauvais couteau, ne réussit que longtemps après à couper la tête du poisson.

A partir de ce jour la femme se couvre les cheveux.

Il arrive quelquefois que, lorsqu'une sœur cadette est demandée en mariage avant son aînée, les parents des deux sœurs substituent frauduleusement celle-ci à la plus jeune, dans la pensée qu'il n'est pas convenable que la cadette se marie avant son aînée: ce qui rappelle l'histoire de Léa et de Rachel.

Les Juifs se marient ordinairement entre seize et vingt ans, et les jeunes filles entre douze et quinze.

La beauté des femmes chez les indigènes, et surtout chez les Israélites, consiste à être très-grasses. Or il est d'usage, lorsqu'une jeune fille juive est promise et sur le point de se marier, de l'engraisser pendant les quarante jours qui précèdent le mariage. On ne la laisse pas sortir, on la tient dans une chambre obscure et fraîche, on lui donne beaucoup à boire, on la fait dormir le plus possible; mais à minuit, sa mère la fait lever pour lui faire manger une certaine quantité de couscoussou; on lui donne aussi des boulettes, faites avec des graines de plantes oléagineuses, à peu près comme on fait pour les oies en Europe. Si son fiancé la trouve maigre au bout des quarante jours, les parents continuent le même régime pendant quinze autres jours, au risque de la faire périr. L'embonpoint acquis de cette manière demeure et ne s'en va plus.

Les femmes portent, comme parure, de gros anneaux d'or ou d'argent qu'on leur met aux bras et aux jambes. Dans le cas où la fiancée est destinée à un homme veuf ou divorcé, on lui passe les anneaux qui ont appartenu à la première femme, et on la nourrit comme il a été dit, de manière à lui donner le degré d'embonpoint nécessaire pour remplir la capacité des bracelets. L'opération n'est pas toujours des plus faciles, car il peut arriver qu'une femme peu disposée à engraisser succède à une autre d'une complexion toute différente.

On assure que certaines dames, pour atteindre cet embonpoint si estimé, vont jusqu'à manger de jeunes chiens, moyen efficace d'y parvenir.

D'autres se nourrissent presque uniquement d'une espèce de graine qu'on trouve dans le Nord de l'Afrique, et qui non-seulement a la propriété de faire grossir considérablement, mais encore a la vertu d'augmenter et de bonifier le lait des nourrices.

Du reste, cet usage de manger de jeunes chiens n'a rien d'étonnant, puisqu'une partie des habitants de Djerbi, qui sont du rite kamsi ou ouhabi, ont l'habitude de manger comme un régal la chair des ânes, des chiens, des chats, des gerboises, des souris et des rats. Les Arabes mangent aussi le lion, les serpents, les sauterelles et même la hyène.

Les Juifs de Tunis sont fort superstitieux. S'ils ont peur que quelqu'un leur nuise, ils cherchent à lui couper en cachette un morceau de ses vêtements pour le brûler, ce qui, selon eux, doit les préserver de tout mal de la part de leur ennemi.

Ils ont tous sur la porte de leur maison la représentation d'une main avec les cinq doigts étendus. Cette main est en fer-blanc, en papier, en bois, ou simplement peinte sur la muraille, sur la porte ou dans la boutique, en un mot dans le lieu le plus apparent: elle est destinée à attirer sur elle-même toute maligne influence, comme un paratonnerre est destiné à absorber la foudre; elle doit préserver du *aïn* (mauvais œil, *cattivo occhio* des Italiens). — C'est du reste un usage général parmi les indigènes. Les Maures pour s'en préserver disent *kamsa* « cinq, » et pour en préserver un enfant, ils prononcent le même mot en étendant sur lui la main ouverte. Ils disent aussi *Bel haout àlek*, « Que le poisson soit sur toi. » Les Israélites pour se préserver du aïn disent *Joseph*, ce qui signifie pour eux : « Que l'esprit de Joseph, fils de Jacob, soit sur toi. » Ils placent aussi dans leurs maisons, lors de leurs fêtes et de leurs mariages et pour se préserver du aïn, une vraie queue de poisson, ordinairement de thon, sur un coussin de soie ou de velours. — Le mauvais œil les tient toujours en alerte. Si quelqu'un vient à faire l'éloge d'un cheval, d'une mule ou de quelque autre animal, le propriétaire regarde aussitôt sa bête comme perdue. Un enfant est-il un objet d'admiration, dès ce moment les parents se persuadent qu'il doit lui arriver quelque malheur. Lorsque vous rencontrez un joli petit garçon ou une charmante jeune fille, gardez-vous bien de dire : « Quel bel enfant ! » on croirait que vous voulez lui jeter un mauvais sort, et lui lancer le aïn. Mais crachez-lui dessus, et vous serez considéré comme un homme poli, et les parents de l'enfant se montreront très-touchés de votre gracieuse sollicitude à l'égard de leur progéniture. Quant aux très-petits enfants, on peut se borner à leur passer la langue sur la joue en les embrassant, ce qui suffit pour écarter le aïn.

Les Juifs se hâtent d'inhumer leurs morts, et cette précipitation leur fait parfois enterrer des vivants. Ils ont peur des morts, et craignent qu'ils ne leur portent malheur. — Si un Juif est à l'agonie un vendredi, l'agitation est grande dans sa famille; et, s'il n'y a plus d'espoir de le faire vivre jusqu'au dimanche, ses parents et ses amis souhaitent ardemment que sa mort arrive avant le soir du vendredi, où commencera le sabbat, car, pendant toute la durée du jour consacré au repos, ils ne voudraient pas l'ensevelir, et, pour rien au monde, ils ne consentiraient à garder le cadavre ce jour entier chez eux. En conséquence, si l'heure approche où le sabbat va commencer, ils avancent quelquefois la mort en étouffant le malheureux malade, et ils commettent ainsi un crime pour ne pas transgresser un de leurs règlements rabbiniques, et pour échapper aux craintes superstitieuses dont ils sont esclaves. A l'époque du choléra beaucoup de Juifs qui n'étaient qu'évanouis ont été enterrés vivants.

Au moment où un Juif meurt, on ferme et on bouche immédiatement toutes les eaux, afin que l'ange de la mort n'y trempe pas son épée; car cet ange qui vient de couper le fil de l'existence du défunt, cherche naturellement, pour laver son épée teinte de sang, à la plonger dans la première citerne qu'il trouvera; mais comme cette eau ainsi souillée d'un sang mystique donnerait la mort, on s'empresse de couvrir, afin d'éviter ce malheur, les puits, les citernes et tous les réservoirs d'eau qui existent dans chaque maison.

Après l'enterrement d'une personne, ses parents consacrent sept jours à la tristesse, au jeûne et à l'humiliation; ils allument la lampe des funérailles, et mènent deuil en déchirant leurs habits, et en prenant, assis par terre, un repas composé de sel et de quelques œufs, ces derniers étant regardés comme un symbole de l'éternité.

Le cimetière israélite de Tunis est assez remarquable par ses marbres et le soin qu'on y prend des tombes. Un jour par semaine les femmes vont y pleurer et faire blanchir à la chaux vive l'extérieur des sépulcres, opération qui doit rafraîchir l'âme du défunt.

Le peuple de Tunis croit aux sorciers et aux sorcières. Il y a des sorcières arabes et des sorcières juives qu'on nomme *téguésa*. Ces téguésas sont des vieilles femmes qui prétendent prédire l'avenir par l'observation des astres, des cartes et l'inspection de la main. Le bas peuple a une foi entière dans ces femmes qui ne manquent pas d'habileté, et souvent rencontrent juste dans leurs prédictions.—Dans le Sud de la Régence, comme au Sahara, on trouve non-seulement des sorcières, mais encore des magiciens, des alchimistes, des nécromanciens, des magnétiseurs, des charmeurs de serpents, enfin tout ce qui constitue les sciences occultes, avec leur cortége d'invocations, de formules, de philtres, de talismans, de fantômes, de revenants, d'esprits, de djins, et de superstitions de toute espèce, comme sorts, augures, présages, distinctions de certains jours, et autres préjugés.

Avant leur émancipation (et encore actuellement, quoique à un moindre degré) les Juifs de Tunis étaient l'objet d'un mépris profond et universel, auquel ils se sont habitués. Chez eux aucun mélange de race n'a jamais lieu, et ils ne s'allient qu'entre eux. Ils se soutiennent les uns les autres: ils s'appellent et se désignent par le nom de frères qui n'est point pour eux un mot vide de sens, car la misère des pauvres est toujours soulagée par la charité des riches.

Les Israélites observent encore comme un acte religieux l'usage des ablutions. Ils jeûnent scrupuleusement. Ils mettent tous des phylactères, qu'ils regardent comme un préservatif contre les dangers et les maux de la vie. Pendant les prières du culte public ils ont soin de se couvrir la tête d'un châle de laine blanche et bleue, nommé *tallit*, à longues franges qu'ils tiennent dans leurs mains, et qu'ils baisent à plusieurs reprises avec beaucoup de dévotion. Les lectures et les prières se font d'un ton nasillard et sur un certain rhythme, en élevant ou en baissant la voix. Les femmes sont entièrement exclues des synagogues, où il ne leur est pas permis de pénétrer comme en Europe. L'étude de l'hébreu, comme langue vivante, revient un peu en usage chez la nouvelle génération, plus instruite que celle qui l'a précédée. Les Israélites ne font préparer leurs aliments que par leurs coreligionnaires. Ils ont des boucheries spéciales, où les animaux sont tués suivant les rites prescrits par les rabbins. Ils suivent des règles précises pour laver la vaisselle, les plats et les coupes. Les rabbins qui doivent veiller à ce que les formes du culte soient strictement observées, jouissent d'une autorité très-étendue sur leurs coreligionnaires au point de vue de leur conduite morale et privée. Autrefois, par des règlements somptuaires, ils cherchaient à réprimer chez les Juives le goût du luxe dans les vêtements. Le jour du sabbat il y a plusieurs réunions dans les synagogues pour la lecture de la Thorah, qui est lue dans le texte hébreu et toujours sous la direction des rabbins ou docteurs. Ces derniers ont l'habitude de se livrer à des dissertations étendues et minutieuses sur divers points de cérémonie, ou bien traitent les questions les plus oiseuses, se réservant à eux seuls le droit d'expliquer la Loi et le Talmud.

Le lourd Talmud est, comme on sait, le code civil et religieux, la tradition légendaire, ecclésiastique, juridique et scientifique des Israélites; il est, pour eux, comme la suite et le complément de la Bible. On en distingue deux, le Talmud de Jérusalem et le Talmud de Babylone: le premier qui est presque inintelligible, n'est plus en usage, mais le second, qui a la plus haute importance aux yeux des Juifs talmudistes ou orthodoxes, se divise en deux parties, la Mischna et la Guémara. La Mischna est plus particulièrement le livre des interprétations de la loi, il a été rédigé vers la fin du IIe siècle, et la Guémara celui des traditions, il a été composé du IIIe au VIIe siècle. — La Cabale comprend le livre de la Création et le Zohar ou livre de la Lumière; ce sont deux livres de traditions, de fables, de préceptes rabbiniques, de commentaires ou d'enseignements allégoriques, mystiques, symboliques, ou de récits philosophiques, entremêlés de rêveries sur les démons auxquelles se rattache la magie. Le livre de la Création paraît avoir été écrit dans un espace d'un siècle et demi, soit avant, soit après la naissance de J. C. Le Zohar doit avoir été composé ou rédigé pendant les sept premiers siècles de l'ère chrétienne. — La Massore est un autre livre de traditions relatives au texte des auteurs sacrés. — Le Jésira est un livre cabalistique offrant un amalgame de toutes sortes d'idées bizarres où l'on reconnaît l'influence des idées religieuses de l'ancienne Perse.

SOCIÉTÉ ET POPULATION
EUROPÉENNES.

A Tunis la société qui est fort choisie, est en même temps instruite, affable, obligeante et hospitalière. Cette société reçoit souvent la visite de touristes distingués, soit par leur rang et leur éducation, soit par leur mérite ou leur talent scientifique ou artistique. Les dames qui sont généralement remarquables par leur beauté, et mieux encore par leurs qualités et leur amabilité, parlent plusieurs langues, et leur conversation réunit l'utile à l'agréable. Les hommes, malgré leurs occupations diplomatiques ou commerciales, savent trouver du temps pour cultiver leur esprit, et s'occuper des arts, comme aussi pour obliger les voyageurs qui leur sont recommandés, et leur fournir des directions et des renseignements précieux.

On doit mentionner en particulier S. E. M^r^ le comte Raffo et Mme la comtesse Raffo, née marquise Méana; Mgr l'évêque; le chargé d'affaires de France, et son épouse, Mme Roche; le consul général d'Angleterre; les familles de Montès, où l'hospitalité est traditionnelle de père en fils; Chapelié, dont le nom est plus que séculaire à Tunis; Ferrière, dont le doyen, ancien vice-consul d'Angleterre, est l'un des plus anciens membres du corps diplomatique;

le Père Anselme, capucin parisien très-savant; Mr Alph. Rousseau, descendant de l'auteur d'Emile, et orientaliste distingué; les familles Heap, Wood, Davis, Cubisol, Tullin, Chandlers, de Nyssen, ainsi que celles de plusieurs autres consuls, et bien d'autres personnes encore.

L'hiver de 1856 à 1857 a été fort brillant à Tunis, et l'on peut citer les réceptions de Mme la comtesse Raffo, celles de Mme Roche au Consulat général de France, et celles de l'Interprète du Bey, qui réunissaient au luxe de l'Orient toutes les ressources de la société en Europe.

On trouve à Tunis un cercle européen, *circolo europeo di Tunisi*, avec journaux, billard, où l'on reçoit avec beaucoup de complaisance les Européens en passage; une société philharmonique, composée d'amateurs donnant de temps en temps des concerts où se font entendre parfois des artistes de mérite; un théâtre, où une troupe italienne vient jouer, pendant la saison, des opéras, des vaudevilles et la comédie; et une bibliothèque où l'on trouve une collection de manuscrits arabes très-intéressants.

Le corps diplomatique est composé de personnages distingués. Les différents chargés d'affaires ou consuls généraux des nations européennes sont les suivants:

France, Mr Roche, qui a eu tour à tour pour prédécesseurs Mr Béclard, Mr de Lagaux, Mr de Marchesseaux, Mr de Lesseps, Mr Chauvebel, Mr Deval, etc.

C'est Mr de Lagaux qui était consul général de France en

1845, lors de la visite du duc de Montpensier au bey Ackmed, lequel exerça aussi en 1846 sa cordiale et somptueuse hospitalité envers le prince de Joinville et le duc d'Aumale. Ce dernier lui avait porté le grand cordon de la Légion d'honneur. — Lors de sa visite à Paris, cette même année, le bey Ackmed entouré dès son débarquement des acclamations de la foule, et voulant en exprimer ses remerciements, salua de la main avec un mouvement plein de noblesse le drapeau tricolore en ajoutant gracieusement: « C'est lui que je salue pour tous. »

Angleterre, Mr Wood, dont l'un des prédécesseurs était sir Thomas Read, qui possédait une intéressante collection d'objets puniques et de manuscrits arabes.

Hollande, Mr de Nyssen, dont la famille est fixée à Tunis depuis un grand nombre d'années.

Etats-Unis, Mr Chandlers. Parmi les consuls qui l'ont précédé, il faut nommer Mr le Dr Heap et Mr Noah, auteur d'un petit ouvrage sur Carthage.

Russie, *Suède et Norwége*, Mr Tullin, Suédois, dont la famille est également depuis longtemps établie à Tunis.

Danemark et Belgique, Mr Cubisol, qui est en même temps vice-consul de France à la Goulette, et dont le poste pour le Danemark était auparavant occupé par Mr de Berner, et plus anciennement par Mr Falbe, capitaine de vaisseau, auteur d'excellentes cartes de la Régence, ainsi que de deux très-bonnes cartes topographiques de Carthage et de son territoire. C'est Mr Falbe, qui a eu l'honneur de déterminer avec le plus de précision la véritable position de Carthage.

Espagne, Mr Nalagamba. — *Naples*, Mr de Martino. — *Sardaigne*, Mr Alouat. – *Autriche*, Mr Merlato.

Il y a à Tunis vingt médecins, qui appartiennent à dix nationalités, et dont la nomenclature n'est pas sans intérêt:

Mr D. P. Heap, Américain, fils de l'ancien consul des Etats-Unis à Tunis, et neveu du commodore Porter, qui était ministre plénipotentiaire des Etats à Constantinople. Mr Heap suit l'exemple de son père qui était un habile docteur en même temps qu'un gentleman fort instruit, et comme lui il fait servir la science à soulager les pauvres et les malheureux qu'il traite gratuitement.

Mr Costa, Génois, médecin de son Altesse.

Mr Lombroso, Tunisien id

Mr Nunez Wais, Toscan id.

Mr Ferrini, Suisse du Tessin id.

Mr Vignale, Génois, médecin du bey de Camp. — Mr Cadelli, Napolitain, qui après avoir servi comme docteur à Waterloo suivit l'empereur Napoléon à Sainte-Hélène. — Mr Cotton, Français, médecin de l'artillerie du bey. — Mr Mancial, Anglais, médecin de la cavalerie du bey. — Mr Tagiuri, Toscan, autre médecin de l'artillerie. — Mr Faisler, de Strasbourg, médecin de la Garde de son Altesse. Ce docteur est depuis plus de trente ans à Tunis. — Mr Mascaro, Espagnol. — Mr Thel, Français, ancien médecin de la Santé. — Mr Mognaïni, médecin en chef des troupes envoyées en Orient. — Mr Clément, Français, médecin des troupes à Souza. — Don Luigi Zabetta, Napolitain, médecin de la Santé à la Goulette. — Mr Gazella, Toscan. — Mr Buccara, de Livourne, Israélite. — Mr Cottaïe, Maltais, médecin de la garnison à Bizerte.

Le bey qui est animé d'un esprit de grande tolérance, emploie, comme ses prédécesseurs, beaucoup d'Européens, soit dans la haute administration des affaires, soit dans les arts et métiers, la mécanique, l'armée, la médecine et chirurgie, les écoles industrielles et militaires. — Sidi Mohammed-Bey est grand amateur de peinture, de sculpture et de ciselure; il a même fait de fort jolis ouvrages qui feraient honneur à d'habiles artistes européens. On comprend donc qu'il ait attiré à sa cour, comme l'avait déjà fait son prédécesseur, des hommes capables de le seconder dans ses goûts et dans ses vues. Ses mœurs douces et paisibles, ainsi que la manière généreuse dont il récompense les personnes qui sont à son service, lui assurent tout leur dévouement. — Avant de monter sur le trône ce prince n'enviait nullement le pouvoir souverain et vivait heureux au milieu de sa nombreuse famille; mais depuis qu'il a succédé à son cousin Sidi Ackmed, il cherche à remplir consciencieusement la tâche difficile dont il est chargé.

Outre les noms déjà cités, on peut mentionner encore parmi les Européens qui ont été au service des derniers beys de Tunis, le lieutenant-colonel Lecorbeiller, le colonel Lion, le commandant Gillard, l'ingénieur Duchêne, le docteur Franck, Mr Thomas d'Alvarez sous les ordres duquel le monétaire de la Régence a subi une refonte, etc.

Ackmed-Bey confia à des ingénieurs français l'exécution d'une grande carte de la Régence, qui a été publiée au dépôt de la guerre à Paris en 1841 sous la direction de M[r] le général Pelet, puis en 1857 sous celle de M[r] le colonel Blondel, d'après les observations et reconnaissances de Mr Falbe et de Mr Pricot-Sainte-Marie, capitaine d'état-major.

Plusieurs Européens de mérite s'occupent actuellement à recueillir des documents historiques, archéologiques, scientifiques et littéraires, se rattachant aux époques punique, romaine et arabe. On peut citer les noms de MM. Rousseau, Davis, Martin, etc.

Plus de quinze nations chrétiennes sont représentées par un certain nombre de leurs ressortissants dans les Etats de Tunis. La population européenne, si l'on y comprend les Maltais, peut s'élever à un peu plus de douze mille âmes.

Voici le tableau des naissances, des décès et des mariages qui ont eu lieu en 1856 parmi les Européens catholiques-romains et dans les diverses villes de la Régence.

Les Grecs et les Protestants n'y sont pas compris.

Si le nombre des décès s'est élevé à 293 personnes, c'est que le choléra a régné en Août et Septembre 1856, et a enlevé à lui seul environ deux cents chrétiens.

Localités.	Naissances.	Décès.	Mariages.
MALTAIS.			
Tunis........	118	109	25
Souza........	23	22	3
La Goulette...	7	9	4
Sfax.........	22	8	7
Djerbi.......	14	6	4
Méhédia......	7	2	—
Bizerte.......	2	5	1
Porto Farina..	—	2	—
	193	163	44
NAPOLITAINS.			
Tunis........	39	43	8
Souza........	2	3	—
La Goulette...	21	29	3
Sfax.........	2	2	—
Djerbi........	1	3	1
Méhédia......	1	—	—
	66	80	12
SARDES.			
Tunis........	14	14	8
Souza........	3	3	—
La Goulette...	4	3	—
Sfax.........	1	—	1
Méhédia......	1	—	—
Bizerte.......	—	2	—
Porto Farina..	1	—	—
	24	22	9
FRANÇAIS.			
Tunis........	7	11	2
Souza........	2	1	—
La Goulette..	2	3	—
Sfax.........	1	1	1
Bizerte.......	1	—	—
Porto Farina..	—	1	—
	13	17	3

Localités.	Naissances.	Décès.	Mariages.
TOSCANS.			
Tunis........	5	2	2
La Goulette...	2	—	—
	7	2	2
AUTRICHIENS.			
Tunis........	2	2	—
La Goulette...	1	1	—
	3	3	—
ESPAGNOLS.			
Tunis........	1	1	1
Souza.......	—	3	—
La Goulette...	—	—	1
	1	4	2
ANGLAIS.			
Souza........	1	1	—
Sfax.........	1	—	—
	2	1	—
SUISSES.			
Tunis...... ..	—	—	1
PRUSSIENS.			
Tunis........	—	1	—
LOMBARDS.			
Tunis...	1	—	—
GRECS catholiques-romains.			
La Goulette...	—	—	1
ÉGYPTIENS catholiques-romains.			
Tunis........	—	—	1

Les Romains n'ont eu ni naissance, ni décès, ni mariage. — Dans une famille catholique-romaine de Jérusalem, établie à Tunis, il y a eu une naissance.

Il y a eu donc dans la Régence en 1856 parmi les catholiques-romains 311 naissances, 293 décès, 75 mariages.

Les Grecs orthodoxes possèdent une chapelle dans Tunis, avec deux popes. Leur nombre peut se monter à deux cent cinquante.

Les chrétiens des Eglises réformées sont très-peu nombreux, car leur nombre ne s'élève pas à cent personnes. Ils n'ont pas de culte actuellement; cependant un voyageur prussien, le prince Puckler Muskau, dit dans ses Mémoires qu'en 1835 il assista chez le consul de Suède à un sermon très-édifiant, prêché par un missionnaire de la Société biblique britannique établi à Tunis depuis 1832. Avant 1855 un culte protestant (épiscopal) était célébré, en anglais, chez le consul des Etats-Unis, mais le pasteur étant mort du choléra, personne ne l'a remplacé.

L'Eglise catholique-romaine possède dans la ville même une vaste chapelle dépendante d'une petite communauté de Pères capucins et desservie par elle. Le vicaire apostolique représentant le Saint-Siége, est l'évêque de Rosalia, Mgr Sutter, né à Ferrare, mais dont le père était de Thurgovie en Suisse. Ce respectable prélat, ancien nonce de Rome à Vienne, et qui possède le titre d'archevêque de Carthage, a été consacré comme premier évêque de Tunis en 1844.

Le Père Anselme, secrétaire de l'évêque, est un capucin français d'une grande politesse, et d'une obligeance fort empressée pour les étrangers.

Les frères de la doctrine chrétienne ont un établissement d'éducation comptant plus de trois cents enfants catholiques-romains, nés à Tunis même, et appartenant à toutes les nations européennes. Ces enfants, qui sont pleins d'intelligence et de vivacité, sont divisés en quatre classes, où ils apprennent, suivant leur âge, à lire et à écrire, et le français, l'italien, le dessin linéaire, la géographie, l'histoire, l'arithmétique, le dessin, la musique, etc. — On voit de ces jeunes garçons de dix à quinze ans, se tirer très-joliment d'affaire sur le violon, la basse, la flûte ou la clarinette, et être d'une ressource réelle pour la musique sacrée. La plupart de ces enfants, avant l'ouverture de cette école qui remonte à peine à deux ans, n'apprenaient rien, et n'avaient d'autre occupation que celle de vagabonder dans les rues. Les distributions de prix à ces enfants se font par les mains du vénérable évêque de Tunis.

D'un autre côté, on voit l'école plus ancienne de M[r] l'abbé Bourgade, aumônier de la chapelle St Louis à Carthage, qui renferme une soixantaine d'élèves tunisiens, français, sardes, toscans, israélites, etc. On y enseigne le français, l'italien, l'arabe, le latin, l'histoire, la géographie, l'arithmétique, la calligraphie, etc. Cette école est tenue avec le concours de plusieurs maîtres laïques.

Des sœurs de St Vincent de Paule, une école pour les jeunes filles dirigée par ces dernières, un petit hôpital, et une salle d'école sont placés sous la même direction.

Voici un tableau relatif au culte catholique-romain qui donnera une idée de la population européenne de chacune des villes de la Tunisie, du nombre de leurs prêtres, ainsi que de leurs églises ou chapelles.

Localités.	*Population européenne.*	*Prêtres.*	*Eglises.*
Tunis..........	9150	12	1
Bardo..........	160	»	»
La Goulette.....	680	1	1
Souza..........	600	2	1
Méhédia........	196	1	1
Sfax...........	500	1	1
Bizerte........	100	1	1
Porto Farina....	48	1	1
Nébel..........	40	»	»
Soliman........	20	»	»
Monastir.......	150	1	1
Tebourba	27	»	»
Djerbi.........	239	1	1
Rasdjébel......	15	»	»
Galipia.........	39	»	»
Diverses localités.	100	»	»
	12,064	21	9

On trouve hors des portes de Tunis un cimetière catholique, un cimetière grec et un cimetière protestant.

Tunis est véritablement un des plus beaux pays de chasse qui se puisse voir. Pendant la saison, lorsqu'il ne fait pas trop chaud, la société européenne organise des parties de chasse fort nombreuses, auxquelles assistent même les dames. Ces chasses se terminent souvent en pique-niques très-amusants.

Les touristes ont la faculté de garder tout ce qu'ils trouvent d'intéressant en fragments de ruines de Carthage ou d'autres villes, et en objets recueillis sur ces emplacements. Cette latitude contraste singulièrement avec la sévérité exercée à Pompeï et à Herculanum, où l'on ne peut pas se baisser pour ramasser un simple caillou, sans être l'objet d'admonestations de la part des guides, des cicérone ou des soldats qui surveillent ces localités et sont chargés de la police.

Les voyageurs trouvent des domestiques de place; des calèches pour faire des excursions et des promenades (les voituriers maltais ont au moins quatre cents voitures au service des étrangers et des Tunisiens); des hôtels où la table est bonne, les prix modérés (Hôtel de Provence, Hôtel de France). L'Hôtel de Provence, qui est une charmante maison mauresque, est tenu par François Pascal et Béranger, anciens cuisiniers-chefs du bey Ackmed, qui ont épousé les deux filles de l'un de ses médecins.

Autrefois aucune femme de quelque nation qu'elle fût, ne pouvait débarquer à Tunis sans une permission spéciale du bey, qui refusait souvent son autorisation, lors même qu'elle lui était demandée par des consuls européens.

Les lettres arrivent à Tunis par trois voies différentes: par les paquebots français qui, venant de Marseille tous les huit jours, font échelle à Stora et à Bône; par les paquebots anglais, arrivant de Malte tous les quinze jours, ainsi que par les paquebots sardes qui touchent à Cagliari. — Les lettres de France, ou celles portant une suscription en langue française, sont reçues au Consulat général de France, où l'on va les réclamer lorsqu'elles ne sont adressées que *poste restante*. Celles qui sont expédiées d'Angleterre arrivent au Consulat général d'Angleterre, par la voie de Malte, et celles venant d'Italie, par Gênes, vont au Consulat sarde. La voie par Marseille est la plus rapide. Un nouveau service, à destination de Tripoli et d'Alexandrie, arrive directement de Marseille.

Le service télégraphique qui relie maintenant l'Afrique à l'Europe fonctionne régulièrement de Gênes à Bône, par la Corse et Cagliari. Or Bône n'est qu'à une petite distance de Tunis.

On ne demande aucun passeport au voyageur qui débarque à Tunis.

Les Européens, soit Francs, jouissent à Tunis de la plus grande liberté. Ils ne sont pas soumis à la législation tunisienne, mais ils dépendent de leur propre Représentant, Chargé d'affaires, Consul général ou simple Consul. Ils restent donc sous le régime de leur législation nationale, et ceux des Européens qui n'ont pas de consul attitré peuvent choisir le consul, étranger à leur nationalité, sous la protection duquel ils désirent se placer.

Chaque consulat général possède, avec ses vice-consuls

et son chancelier, un nombreux personnel de secrétaires, de drogmans et d'employés.

Les consuls doivent porter au Bey les plaintes ou les réclamations que leurs compatriotes pourraient élever contre l'un de ses employés, ou généralement contre un indigène quelconque; ils traitent directement avec le Bey sur les difficultés ou les différends que le commerce et la navigation peuvent faire naître entre l'Etat de Tunis et les ressortissants des diverses nations européennes. Leurs fonctions sont également de protéger le commerce et les commerçants du pays qu'ils représentent, et de prendre leur défense lorsqu'ils sont lésés dans leurs intérêts. Ils sont, en outre, les juges naturels de toutes les contestations qui s'élèvent entre les personnes de leur nation qui se trouvent à Tunis. Dans les cas graves et importants, les principaux négociants et les nationaux les plus marquants s'assemblent dans la maison consulaire, et forment, sous la présidence de leur propre chargé d'affaires, une espèce de jury ou de tribunal qui juge sans appel, ou décide des déterminations à prendre.

Les maisons consulaires, dont les entrées sont gardées par des janissaires, jouissent de l'inviolabilité pour toutes les personnes qui y cherchent un asile.

www.ingramcontent.com/pod-product-compliance
Ingram Content Group UK Ltd.
Pitfield, Milton Keynes, MK11 3LW, UK
UKHW020206250726
13967UKWH00003B/1296